Comment écrire et publier votre livre gratuitement

Révolution dans le monde de l'édition!
Publiez votre livre vous-même gratuitement!
Personne ne peut vous le refuser!

Publié par Danielle Vallée
www.daniellevallee.com
FormationMieuxEtre.com
https://www.createspace.com/5151127

© 2015 Danielle Vallée
Québec, Canada

ISBN: 978-2-924525-00-5

Dépôt légal
Bibliothèque et Archives nationales du Québec
2015

Préface

À notre époque, ne pas savoir se servir de la technologie Internet serait impensable. Je me souviens de l'arrivée de cet outil merveilleux qui allait révolutionner le monde. C'était au début des années 90. Je n'y connaissais pas grand-chose mais j'avais la volonté d'apprendre car cela me fascinait au plus haut point. Je suis parvenue à m'en sortir convenablement grâce aux conseils de mon amie Danielle Vallée qui s'y connaissait déjà beaucoup mieux que moi dans ce domaine.

Tout récemment, j'ai publié mon quatrième livre : *Vivre et travailler en première classe* en utilisant, encore une fois, les précieux conseils de Danielle. Cela m'a permis d'utiliser des outils actuels et professionnels et surtout de publier mon livre moi-même sur Amazon en format papier et en format électronique.

Voici les avantages de publier de cette façon plutôt que de le faire de la façon traditionnelle : récolter des droits d'auteur intéressants, ne jamais refuser des ventes à cause d'un manque d'approvisionnement, faire les mises à jour soi-mêmes, ajouter des pages, remplacer les photos, c'est donc l'auteur qui décide et non l'éditeur.

Danielle a mis sur pied un programme sur la façon d'écrire et de publier un livre gratuitement, sans rien débourser, portant le même nom que son livre.

Je vous recommande son programme de formation offert sur le Web ainsi que son livre. Pour plus de détails, veuillez consulter son site :

FormationMieuxEtre.com

Un grand merci à Danielle. Je souhaite à tous d'avoir la chance de profiter de ses connaissances dans le domaine de l'édition des livres.

Avec toute ma reconnaissance,

Ginette Salvas
Auteure et formatrice
www.ginettesalvas.com

Table des matières

Conventions   8
À qui s'adresse ce livre?   9
Y a-t-il un livre en vous qui veut s'exprimer?   9
Pourquoi écrire un livre?   10
Une révolution dans le monde de l'édition!   12
La façon traditionnelle : les maisons d'édition   12
L'autoédition et l'impression sur demande   16
Combien peut rapporter un livre?   18
Livre en format papier   18
Livre électronique   19
Projection de ventes   19
Trouver des idées de livres   21
Stimuler votre créativité   22
Remue-méninges   23
Recherche   24
Clients et amis   24
Outils d'organisation des idées   25
Planification et structure de votre livre   27
Structure d'un roman   27
Le début   27
Le milieu   28
La fin   28
Structure d'un livre non romanesque   28
Organiser la structure   28
Planifier votre temps d'écriture   30
La rédaction   30
Utiliser les bons outils   30
Révision et corrections   33
Engager une personne spécialisée... ou non?   34

La mise en page 37

Typographie 37
Polices de caractères 39
Caractères avec sérif 39
 Caractères sans sérif 40
Polices de caractères privilégiées pour l'édition de livres 40
Texte principal 40
Titres 41
Taille des caractères 42
Paragraphes et justification 43
Marges 43
Pagination 43
Haut et bas de page 44
Format du livre 44
Pages de début et de fin du livre 45
Couleurs 46
Nombre total de pages 46
Règles générales pour un livre imprimé 46
Règles générales pour un livre en format électronique 47
Logiciels de mise en page 48

Images 51

Composition 51
Couleurs 51
Formats 54
PSD 54
JPEG 54
PNG 55
GIF 55
GIF animé ou GIF89a 55
PDF 55
SVG 56
Résolution des images 56
RVB/RGB et CMJN/CMYK 57
Droits d'auteur 58
Comment trouver des images 58
Utilisation des espaces blanc comme éléments graphiques 64

Trouver un titre vendeur   65

Comment fait-on pour trouver un titre vendeur qui sera bien positionné dans les résultats des engins de recherche?   65

Les couvertures de votre livre   71

Couverture avant   72
On n'a jamais une deuxième chance de faire une première bonne impression...   73
Logiciels et services de préparation de couverture de livres   74
CreateSpace   74
Photoshop   74
GIMP   74
Fiverr   75
La couverture arrière: votre *pitch* de vente   75
Code UPC   76
L'épine du livre   76
Dans quel sens mettre le texte?   77

Les principes de publication et de distribution de votre livre   79

Vous pouvez publier un livre papier sans rien débourser!   79
CreateSpace   79
Qu'est-ce qu'un code ISBN?   80
Numéro EIN   82
Kindle Digital Publishing   82
Apple et iBook   83
Smashwords   84
Autres services   85

Étapes de publication d'un livre   87

Étapes de publication d'un livre papier   87
Préparation des fichiers   87
Obtention du numéro EIN   87
Création de votre compte chez CreateSpace et inscription des renseignements pour les paiements des droits d'auteurs   90
Inscription du titre chez CreateSpace et téléchargement des fichiers   97
Vérification et approbation   106
Publication   107

Étapes de publication d'un livre numérique 111

Kindle 111
EIN 112
iBook chez Apple 113
EIN 113

Promouvoir son livre 115

Vidéo sur YouTube, Vimeo et DailyMotion 115
Écrire et produire un blogue 117
Infolettre 118
Votre site Web 119
Commenter d'autres blogues 119
Communiqués de presse 119
Utiliser les médias sociaux 120
Twitter 120
Facebook 120
Pinterest 121
LinkedIn 121
Autres médias sociaux à explorer 121
Médiatisation virale 122
Faire une page d'auteur sur Amazon 123
Faire un podcast 123
Organiser des séances de signature de livres 124
Critiques de livres 124
Autres options à explorer 125
Salons du livre 125

Recettes de succès 127

Ne pas prendre les choses trop personnellement 127
Les 3 clés du succès 128
Élimination des obstacles à la vente de votre livre 129

En terminant... 133

Sujets couverts par le programme 135

Invitation spéciale 137

Biographie 138

Conventions

Puisque ce livre s'adresse à un lectorat international et que les outils utilisés sont en rapport avec des systèmes américains, les conventions suivantes ont été utilisées pour la simplification de la lecture et une clarté des explications :

- Les prix sont indiqués avec un point séparant les dollars et les cents.
- Le signe de dollar est utilisé après le montant.
- Les milliers sont indiqués avec une virgule.
- La ponctuation canadienne française est utilisée.

À qui s'adresse ce livre?

Ce livre s'adresse à tous les gens qui ont quelque chose à partager : aux gens qui ont une histoire à raconter, aux écrivains, aux romanciers, aux raconteurs d'histoires pour adultes et enfants, aux experts dans un ou plusieurs domaines, aux aventuriers et explorateurs, aux voyageurs, aux professeurs, aux jeunes qui sont sensibilisés aux problèmes de la société actuelle, aux thérapeutes, aux professionnels qui désirent augmenter leur visibilité et leur crédibilité...

Y a-t-il un livre en vous qui veut s'exprimer?

Si vous avez beaucoup d'imagination et que vous désirez raconter des histoires sous forme de romans ou de livres pour enfants, si vous désirez faire une biographie ou un livre conseil, ou encore si vous avez des techniques à expliquer et partager, publier un livre est à votre portée car personne ne peut vous empêcher de le publier et ça ne vous coûtera rien!

Si vous êtes un(e) professionnel(le), un livre est un excellent moyen de faire connaître et reconnaître votre expertise et de vous distinguer dans un marché grandissant et dont le potentiel est pratiquement illimité. Il sert à établir votre crédibilité auprès de vos clients, auprès des journalistes et auprès des organisations à la recherche de conférenciers.

Bref, tout le monde a maintenant la possibilité de publier un livre gratuitement!

Pourquoi écrire un livre?

Écrire et publier un livre est dorénavant à la portée de tous. Cela se fait facilement en suivant quelques étapes simples et vous pouvez le faire sans rien débourser. Bien que plusieurs services sur l'Internet vous offrent de le faire pour vous pour quelques milliers de dollars, vous pouvez le faire vous-même absolument gratuitement. Ce livre vous explique toutes les étapes pour y arriver.

Écrire un livre est une tâche relativement simple lorsqu'on suit une méthode éprouvée qui aide l'auteur à structurer ses pensées et à organiser son savoir.

Vient ensuite la mise en page qui se fait selon certains principes de base et est facilement réalisée en utilisant les bons outils.

Puis on trouve un titre qui sera vendeur en utilisant quelques outils simples à utiliser et gratuits, disponibles sur l'Internet.

On compose ensuite le texte de la couverture arrière qui servira de *pitch* de vente pour le livre.

La publication est faite sous forme d'autoédition qui vous permet de publier votre livre en format papier et dans les formats électroniques compatibles avec toutes les tablettes et tous les appareils mobiles.

L'impression et la distribution de votre livre en format papier et électronique est faite pour vous, car elle est prise en charge par un service basé sur le Web et vous avez le plein contrôle des opérations. Ce service, appelé CreateSpace, fait partie du groupe Amazon. Votre livre devient alors disponible dans le monde entier dans les quelques heures suivant votre approbation finale.

Un livre :

- Vous fait connaître en tant qu'auteur
- Est fascinant et attire votre auditoire cible
- Vous sert de carte de visite et vous ouvre de nombreuses portes
- Aide vos clients en leur donnant une multitude d'informations pour solutionner leurs problèmes
- Vous positionne comme un expert et un *leader* de votre industrie
- Vous procure une grande crédibilité
- Vous distingue des concurrents et contribue à votre image de marque
- Attire l'attention des preneurs de décisions
- Vous fera remarquer par les organisateurs de conférences
- Peut vous assurer un revenu permanent très confortable
- Peut mener à des revenus secondaires dérivant de votre livre, tels que séminaires, conférences, cours, etc.

Vous trouverez dans cet ouvrage une méthode simple qui couvre toutes les étapes de production de votre livre, depuis la planification de sa structure jusqu'à l'impression et la distribution, tout en vous donnant tous les outils pour éviter les erreurs et faire de votre projet un succès.

Ne vous privez pas de cette merveilleuse opportunité!

Une révolution dans le monde de l'édition!

L'autoédition est en train de révolutionner le monde de l'édition!

Les ventes de *eBooks* (livres électroniques) ont dorénavant dépassé les ventes de livres en papier dans plusieurs marchés. De plus, avec l'autoédition, ce ne sont plus les maisons d'édition qui ont le dernier mot sur la publication de votre livre. Vos livres sont disponibles dans la semaine qui suit votre approbation du produit final. Vous n'avez plus à attendre un an pour que votre livre parvienne aux librairies après avoir donné votre manuscrit à un éditeur.

Avec l'autoédition, les redevances sont beaucoup plus élevées (de 30 à 80 %) qu'avec les maisons d'édition (autour de 5 %) et sont payées beaucoup plus rapidement, soit tous les mois plutôt qu'une ou deux fois par année. Vous commencez à recevoir des paiements de droits d'auteur le mois suivant la publication de votre livre, plutôt que dix-huit mois plus tard.

Faisons une comparaison entre les différentes formules actuellement disponibles pour publier un livre.

La façon traditionnelle : les maisons d'édition

La façon traditionnelle de publier un livre est de faire affaires avec une maison d'édition. Les avantages sont de bénéficier de la marque de commerce de la maison d'édition et de ses services de révision, de couverture, de mise en page, de publication et de distribution. Ces services sont plus ou moins professionnels selon l'envergure de la maison d'édition et l'expérience sur laquelle elle repose.

Cette solution présente cependant plusieurs désavantages, soit :

Le temps requis par la maison d'édition pour produire le livre, qui est souvent de plus d'un an. Ceci peut être très désavantageux pour les livres portant sur la technologie, car un tel livre est déjà désuet au moment de sa publication. C'est ce qui s'est produit avec le premier livre que j'ai publié avec une maison d'édition américaine. Ce livre est intitulé *Leading Your Business Into the Future With the Internet*. Lors de sa parution en librairie, certaines technologies décrites dans le livre étaient déjà dépassées. Mais cette formule peut également être désavantageuse pour les autres types de livres, car cela signifie que vous devez attendre très longtemps pour voir le fruit de votre travail et encore plus pour commencer à recevoir vos paiements de droits d'auteur.

C'est-à-dire que vous ne commencez à recevoir des paiements de droits d'auteur que 18 ou 24 mois après la publication de votre livre, lorsque vous faites affaires avec une maison sérieuse. Certaines maisons d'édition exploitent carrément leurs auteurs. Non seulement ces maisons d'édition ne paient jamais leurs auteurs, mais elles peuvent vous présenter des factures faramineuses, comme j'en ai eu personnellement l'expérience. Je connais plusieurs autres auteurs qui ont subi la même chose.

Certaines maisons d'édition utilisent des pratiques peu scrupuleuses, comme par exemple facturer les auteurs pour toutes sortes de frais afférents à la promotion et à la distribution de leur livre. Ceci peut produire une situation où le montant que l'auteur doit, supposément, à la maison d'édition ne cesse d'augmenter pendant que la maison d'édition vend son livre. C'est exactement ce qui m'est arrivé avec mon premier livre. J'ai reçu une petite avance, puis j'ai commencé à recevoir des factures mensuelles de frais que je devais supposément payer et qui augmentaient à tous les mois. Certaines maisons d'édition n'ont pas du tout froid aux yeux lorsqu'il s'agit d'exploiter les auteurs. Et ce n'est pas une exception car nombreux sont les auteurs qui ont vécu ce genre de situation.

D'autre part, les maisons d'édition sérieuses sont extrêmement sollicitées et n'acceptent qu'une faible proportion de manuscrits parmi ceux qu'ils reçoivent. Certaines maisons d'édition exigent que vous soyez représenté par un agent littéraire qui sont eux aussi extrêmement sollicités. Il est actuellement presqu'aussi difficile d'être accepté par un agent littéraire que par une maison d'édition. Dans certains cas, vous devez pratiquement déjà être un auteur célèbre pour être accepté et plusieurs nouveaux auteurs qui publient leurs livres eux-mêmes ont reçu des propositions alléchantes des grandes maisons d'édition après avoir connu un certain succès par eux-mêmes.

Les redevancess versées par les maisons d'édition sont minimes, souvent moins de 10 % du prix de détail et il est fréquent que des dépenses soient déduites du montant ainsi versé à l'auteur.

La plupart des maisons d'édition exigent que vos droits d'auteur leur soient entièrement cédés. Ne cédez jamais vos droits d'auteurs! Lorsque vous cédez vos droits d'auteur, à partir du moment où vous signez le contrat vous ne contrôlez plus ce qui arrive à votre livre, ni sur les produits dérivés du livre. Concrètement, vous n'avez plus de contrôle sur ce que votre livre devient, comment il est utilisé, sur la réimpression, ni sur ce qui se passe si on en fait un film. Et ceci pour le reste de la vie du livre, même s'il n'est plus en circulation.

Les maisons d'édition font généralement un tirage initial de quelques milliers de livres, souvent moins de 3,000. Ils font ensuite distribuer ces livres chez les libraires. Si les livres ne se vendent pas, au bout d'un certain temps les libraires arrachent la couverture des livres non vendus et les retournent à l'éditeur qui doit rembourser le libraire. L'impression de la quantité initiale et la distribution aux librairies demandent un investissement important de la part de l'éditeur. Si vous avez reçu une avance, vous devrez peut-être rembourser une partie de cette avance pour couvrir les pertes encourues par les retours et certains autres frais. D'autre part, il y a fort à parier que l'éditeur vous obligera à acheter au départ quelques centaines d'exemplaires de vos propres livres lors de la première impression et c'est une pratique courante qui est souvent incluse au contrat.

Lorsque votre titre est épuisé, il n'est pas garanti que votre livre sera imprimé de nouveau. Même s'il y a encore une demande, l'éditeur doit être convaincu de la rentabilité d'investir dans une réimpression car il devra imprimer une quantité minimum, soit quelques milliers d'exemplaires, pour que le coût de l'impression par livre soit raisonnable. Vous n'avez aucun contrôle sur les réimpressions subséquentes et vous ne pouvez rien faire si des clients veulent acheter votre livre et qu'il n'est plus disponible, puisque vous avez cédé vos droits d'auteur.

Si jamais votre livre est transformé en film, si vous avez cédé tous vos droits vous n'aurez rien à dire et rien à recevoir, à moins que ce ne soit prévu au contrat.

> # Les services d'autoédition et d'impression sur demande sont littéralement en train de révolutionner le monde de l'édition.

Certaines maisons d'édition exigent que l'auteur produise les illustrations et photos. La plupart du temps, elles exigent que l'auteur fasse la promotion de son livre à ses frais. La promotion peut comprendre l'envoi de communiqués de presse aux médias, les déplacements pour les entrevues, les séances de signature de livres chez les libraires, le matériel promotionnel, etc. Ceci peut rapidement devenir une proposition très coûteuse pour l'auteur qui a déjà beaucoup investi à écrire son livre. Donc, si vous devez promouvoir votre livre vous-même lorsqu'il est publié par une maison d'édition, vous pouvez certainement le faire lorsque vous publiez vous-même!

Avec les possibilités maintenant offertes par l'autoédition et l'impression sur demande, la publication par les maisons d'édition est en train de rapidement devenir désuète.

L'autoédition et l'impression sur demande

La technologie nous permet maintenant de publier un livre tout-à-fait gratuitement et personne ne peut refuser ni vous empêcher de publier votre livre. Vous pouvez tout faire vous-même et garder le plein contrôle sur toutes les étapes de publication et de distribution.

Écrire un livre est une tâche relativement simple lorsqu'on suit une méthode éprouvée qui aide l'auteur à structurer ses pensées et à organiser son savoir. D'excellents logiciels et services en ligne nous prêtent main forte pour effectuer toutes les étapes et nous facilitent grandement les choses.

Il est possible aux auteurs de publier leurs livres en tout temps sans avoir à attendre après une maison d'édition ni un agent littéraire. Les auteurs contrôlent entièrement le processus et sont responsables de toutes les étapes. Autrement dit, personne ne peut refuser de publier votre livre. Personne ne peut non plus décider de ne pas réimprimer votre livre s'il est en rupture de stock.

Cette formule est très différente de celle des maisons d'édition car l'auteur a le plein contrôle sur toutes les opérations de production, de la publication jusqu'à la distribution et aucune quantité initiale d'impression n'est requise.

Le livre est imprimé sur demande et expédié au client chaque fois qu'il est commandé et il est disponible sur Amazon et sur tous les sites de vente de livres en ligne. Il est également inscrit aux catalogues des librairies et des bibliothèques qui peuvent le commander au besoin.

Vos lecteurs peuvent commander la version électronique en ligne sur Amazon ou sur votre propre site, ou encore ils peuvent se présenter chez leur libraire pour le commander. De cette façon, aucun livre n'est retourné comme invendu et aucun livre ne doit être remboursé par l'éditeur. C'est donc excellent pour l'environnement et pour vos finances!

Les livres en papier qui sont envoyés chez les libraires vous procurent des redevances qui varient entre 30 % et 80 % selon la méthode de distribution utilisée, c'est-à-dire commandés directement chez l'imprimeur ou par l'entremise d'Amazon, dans les pays étrangers, etc. Il y a toute une gamme de possibilités. Nous sommes donc loin du 10 % et moins des maisons d'édition!

Les livres peuvent être facilement convertis en format électronique pour Kindle, iBook, Nook et tous les distributeurs en ligne. Les ventes sont faites pour vous par ces distributeurs et vous recevez automatiquement tous les mois vos paiements de droits d'auteur. Vous pouvez également recevoir des redevances pour les prêts de votre livre car Amazon a un programme à cet effet.

L'industrie de l'édition est en train de se transformer et vous pouvez facilement profiter de cette vague de changement.

Bref, avec cette formule, vous n'avez plus aucune restriction pour publier votre livre et toutes les possibilités sont à votre portée! Ce qui était impossible il y a quelques années est maintenant une réalité. C'est une formule d'avenir.

Combien peut rapporter un livre?

On entend souvent les auteurs dire que publier un livre ne rapporte pas d'argent, à moins d'être un auteur très connu. Mais la situation est différente dans le cas de l'autoédition. Pour évaluer si écrire un livre en vaut la peine, regardons quelques chiffres et faits concrets.

Il est certain que les chiffres présentés ici peuvent varier selon la popularité du livre et selon la promotion que vous en faites. Mais ces chiffres sont relativement conservateurs et servent simplement à illustrer le potentiel réel attaché à la publication de votre livre grâce à l'autoédition.

Rappelez-vous qu'un livre est éternel et est disponible 24 heures sur 24, 7 jours par semaine, 365 jours par année. De plus, vous avez l'option de publier plusieurs livres si le cœur vous en dit. En fait, il n'y a aucune limite au nombre de livres que vous pouvez publier. Voici donc quelques exemples.

Disons que vous publiez un livre de 200 pages. Votre livre est disponible en format papier et électronique, sur Amazon et sur tous les sites de ventes en ligne de livres, en plus d'être présenté dans les catalogues des librairies du monde entier, mais simplifions notre exemple à des fins de démonstration du potentiel.

Supposons que vous écrivez votre livre vous-même et en préparez la couverture, selon les spécifications suivantes :

Livre en format papier

- Couverture en couleurs
- Intérieur en papier blanc avec encre noire
- Format de 6 pouces par 9 pouces (*format final du livre*)
- 200 pages de texte, avec ou sans photos en noir et blanc ou demi-tons de gris
- Prix de détail : 24.95 $

Vos redevances pour ce livre seront de 11.72 $ lorsqu'il est vendu sur Amazon et de 16.71 $ dans votre magasin en ligne personnel chez CreateSpace, compagnie du groupe Amazon.

Livre électronique

- Noir et blanc ou couleurs (*cela ne fait aucune différence dans le cas d'un livre électronique car il n'y a pas de frais supplémentaires pour impression en couleurs, contrairement à l'impression sur papier*)
- 200 pages de texte avec ou sans images
- Prix de détail : 9.95 $

Vos redevances avec l'option de 70 % sur Amazon seront de 6.96 $

Projection de ventes

Un best-seller représente en moyenne une vente de 3,000 livres, ce qui donne 250 livres par mois sur un an. Vous avez sûrement l'intention de ne produire rien de moins qu'un best-seller, n'est-ce pas? Mais prenons quand même un exemple un peu plus conservateur.

Disons que vous vendez 60 livres papier et 60 livres électroniques par mois, soit un total de 720 livres papier et 720 livres électroniques par année, ce qui est très raisonnable si vous faites un minimum de promotion.

720 livres x 11.72 $ en droits d'auteur = 8,438 $ / an
720 livres x 6.96 $ en droits d'auteur = 5,011 $ / an

Vous recevrez donc 13,449 $ par an pour votre livre en format papier et électronique. Si vous publiez 10 livres, cela vous rapportera 134,490 $ par an et 1,344,900 $ sur 10 ans!

Si vous produisez un best-seller, soit des ventes de 3,000 livres, cela représente 35,160 $ pour des ventes sur Amazon et 50,130 $ si vous faites les ventes directement avec le site de CreateSpace.

Si vous produisez 10 best-sellers, vous obtiendrez 501,300 $ et sur 10 ans cela pourrait vous rapporter 5,013,000 $!

Vous voyez donc à quel point écrire un livre peut se révéler un véritable succès financier! Il n'y a vraiment aune limite à votre succès!

Et il est intéressant de noter qu'il est prévu que les ventes de livres numériques devraient dépasser les ventes de livres papier d'ici 2018. Il y a présentement une véritable révolution qui se produit au niveau de l'industrie de l'édition. C'est pourquoi il est avantageux de profiter de cette vague de changement!

Vous voyez donc que ceci peut rapidement devenir un investissement très intéressant pour vous.

Faites vous-mêmes vos calculs et vos projections pour voir à quel point cela peut être rentable.

Trouver des idées de livres

Si vous avez ce livre entre les mains, vous avez probablement déjà une idée pour votre livre. Toutefois, si ce n'est pas le cas, vous trouverez, ci-dessous, quelques trucs et techniques qui pourront vous aider.

Lorsque vous désirez produire un livre, vous avez l'embarras du choix au niveau des possibilités. Vous pouvez écrire un livre de type documentaire ou un livre de fiction. Vous pouvez écrire pour des publics variés comme les adultes, les enfants, les personnes d'âge mur, les groupes spécialisés et ainsi de suite. Vous pouvez produire des livres illustrés, des bandes dessinées, des romans érotiques, des livres conseils et de développement personnel, des livres de recettes, bref il n'y a aucune limite quant aux possibilités. Le défi devient alors de vous concentrer sur un sujet en particulier.

Choisissez un domaine pour lequel vous avez de l'intérêt. N'hésitez pas à considérer une série de livres si vous avez plus de matière à présenter que ce qu'un livre peut contenir. Un livre volumineux décourage souvent les lecteurs qui sont de plus en plus habitués aux livres électroniques d'environ 200 pages.

Déterminez qui sont vos lecteurs et quels sont leurs besoins. Faites un sondage. C'est tellement facile maintenant car les outils en ligne sont gratuits pour le faire. Par exemple, vous pouvez utiliser www.surveymonkey.com. Si vous avez des clients, ceux-ci peuvent être une source d'inspiration. Servez-vous de leurs questions les plus fréquentes pour déterminer les sujets à couvrir dans votre livre.

Pensez à planifier une collection de livres, surtout si vous avez beaucoup de matière à présenter ou si vos différents sujets se complètent.

Stimuler votre créativité

La créativité est le domaine de l'hémisphère droit du cerveau. La logique est le domaine de l'hémisphère gauche du cerveau. Au cours de notre éducation et dans notre vie de tous les jours, notre côté logique est constamment sollicité, à un point tel qu'on peut en oublier comment utiliser notre hémisphère droit, notre hémisphère créatif et intuitif. En effet, on commence à limiter notre créativité dès l'entrée en maternelle et cela se poursuit tout au long de notre éducation. En général, plus nous étudions et plus nous perdons contact avec notre créativité. Il est donc essentiel de réapprendre à rêver et à utiliser notre imagination lorsqu'on on veut devenir un auteur. La créativité est un cadeau de la vie et un outil précieux pour nous guider dans tout ce que nous faisons, en plus de nous procurer une multitude d'idées pour nos projets.

La créativité se manifeste lorsque vous vous détendez et relaxez. Pas quand vous êtes stressé(e) devant une page blanche. Pour être créatif(ve), vous devez rêver. Pour rêver il faut prendre son temps et décrocher du train-train quotidien et de la routine. La routine tue la créativité. Respirez profondément et videz votre cerveau, puis laissez les idées venir à vous. Pour des techniques de respiration qui vont vous dé-stresser, allez sur FormationMieuxEtre.com.

Si votre livre n'est pas un ouvrage de fiction, son but devrait avant tout être d'offrir de l'information utile et des solutions à des problèmes précis de vos lecteurs. Commencez par faire un inventaire des connaissances que vous avez. Révisez les cas et les situations où vous avez mis vos compétences et votre expertise à profit pour solutionner des problèmes. Pensez aux questions auxquelles vous répondez régulièrement. Ne vous limitez pas, car le but de cet exercice est de vous constituer une banque d'idées où vous pourrez ensuite puiser pour produire votre livre.

Il existe quelques techniques et des outils très intéressants pour stimuler et reprendre contact avec votre créativité et organiser vos idées. Parmi celles-ci, notons :

- La technique du remue-méninges
- La recherche, surtout sur l'Internet
- Les outils d'organisation des idées (*mind mapping*)

Remue-méninges

La technique de remue-méninges, ou *brainstorming*, est simple à utiliser.

Une séance de remue-méninges est une séance où vous vous permettez d'exprimer toutes les idées qui vous passent par la tête sur un sujet donné, sans rien censurer. Autrement dit, vous vous en donnez à cœur-joie pour trouver toutes les idées possibles, même les plus farfelues. Vous ne vous mettez vraiment aucune limite.

Il est avantageux de faire cet exercice en groupe car il se développe alors une synergie qui stimule la créativité et les idées de chacun. Inscrivez toutes ces idées sur un tableau, sans ordre précis. Lorsque vous ne trouvez plus aucune nouvelle idée, arrêtez l'exercice. C'est l'étape 1, celle qu'on appelle 'Lumière verte'.

Une fois que vous avez ramassé le plus d'idées possibles, analysez chaque idée et dites pourquoi cette idée n'est pas bonne. Essayez de la détruire et écrivez les raisons. Examinez chaque idée une à une. C'est l'étape 2, appelée 'Lumière rouge'.

Demandez-vous ensuite comment chacune de ces idées pourrait être transformée pour devenir encore meilleure et même brillante. Autrement dit, faites-vous l'avocat du diable et trouvez toutes les raisons, tour à tour, pour rendre l'idée mauvaise, puis la transformer en bonne idée. Vous obtiendrez ainsi des résultats étonnants!

Recherche

Vous pouvez faire une recherche sur Internet ou ailleurs (librairies, bibliothèques, etc.) concernant le sujet que vous désirez traiter, en vous basant sur votre expertise et vos connaissances. Par exemple, disons que vous écrivez un roman policier qui se déroule dans les Tropiques. Vous pourriez alors faire des recherches sur les taux de criminalité et le type de crimes le plus souvent commis dans ces régions. Les histoires relatées par les médias peuvent même vous servir de base pour le scénario de votre roman.

Dans le cas de livres conseils, les résultats de votre recherche vous permettront non seulement de trouver des idées intéressantes pour votre livre, mais vous fourniront également des éléments supplémentaires et des références pour votre livre. Ces éléments vous permettront d'appuyer vos textes au besoin. Le résultat de ces recherches pourra même enrichir vos textes avec de nouveaux points de vue et perspectives complémentaires. En effet, une recherche sérieuse peut vous permettre de démontrer la solidité de vos arguments en les étayant de témoignages et de références en rapport avec votre sujet.

Vous pouvez aussi faire une étude de marché ou des sondages pour identifier les besoins de vos lecteurs.

Clients et amis

Vos clients peuvent être une source d'inspiration lorsqu'ils vous soumettent leurs problèmes et leurs préoccupations. Beaucoup d'idées peuvent vous être offertes par vos clients et vos amis si vous y portez attention et documentez les cas soumis. Les solutions que vous leur offrez sur une base régulière peuvent servir de matière pour votre livre. Vous pouvez illustrer les solutions que vous offrez avec des cas vécus. Vous devrez, bien sûr, utiliser des noms fictifs.

Basez-vous sur le matériel que vos clients vous offrent ou sur les situations que vous rencontrez dans la vie de tous les jours. Vous pouvez recevoir des questions précises ou des témoignages démontrant l'efficacité de vos interventions qui pourront servir de trucs au reste de votre clientèle et vous attirer de nouveaux clients.

Outils d'organisation des idées

Ces outils sont utilisés pour produire une vue d'ensemble de vos idées avec des liens entre elles. Vous voyez l'ensemble du projet en un coup d'œil. Vous pouvez déplacer les éléments, en ajouter et les subdiviser en sections. En vous offrant une image globale de ces éléments, vous avez une perspective différente et plus large, ce qui facilite l'organisation de votre matériel. Vous pouvez aussi facilement voir les endroits où il y a des lacunes et les combler.

Exemple de mapping avec MindNode

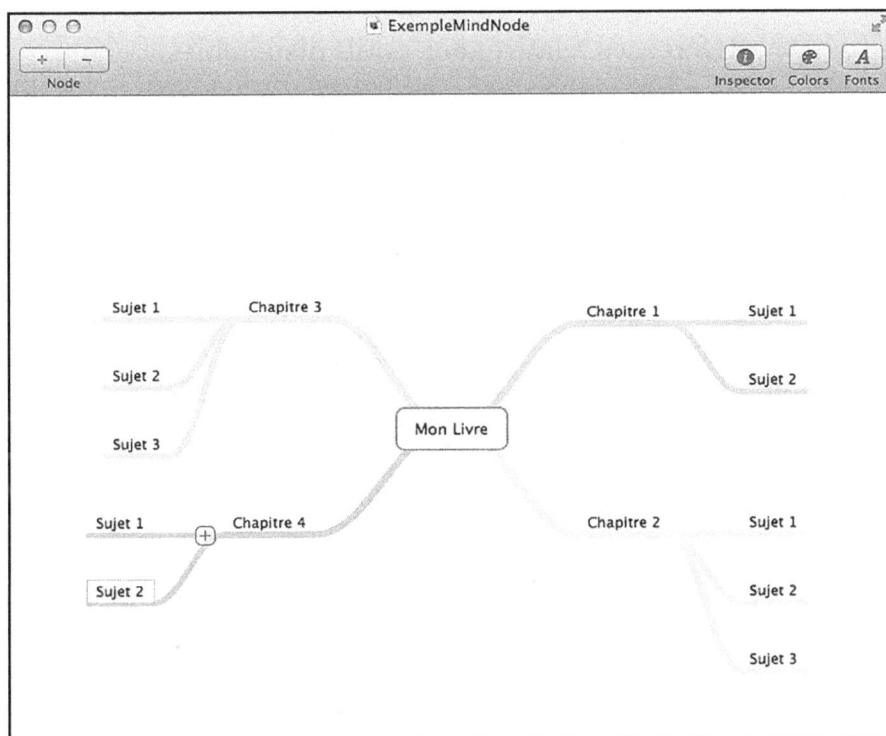

Exemple de mapping avec Scapple

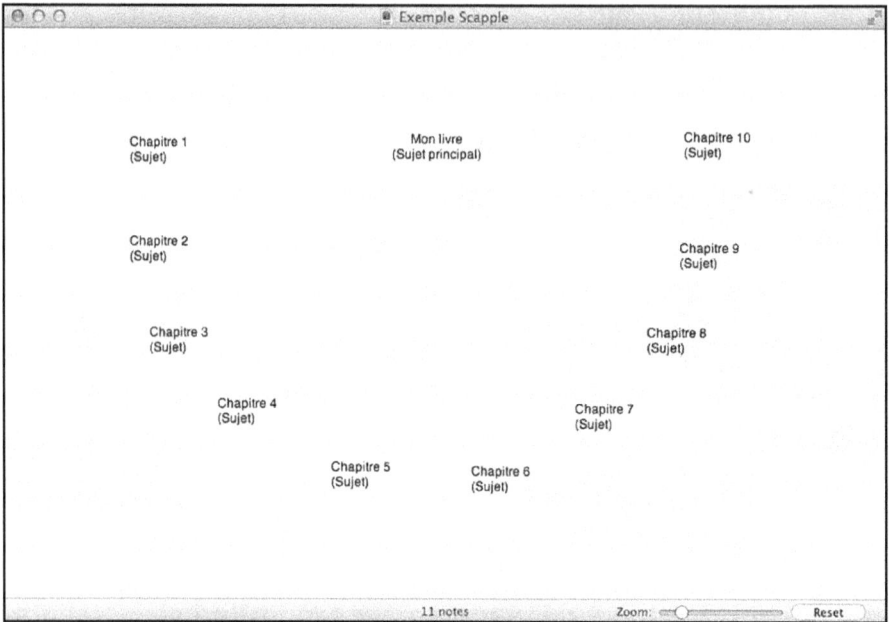

Références relatives aux outils disponibles :

- Scapple http://www.literatureandlatte.com/scapple.php
- Scrivener for Mac http://bit.ly/1ux9vpX
- Scrivener for Windows http://bit.ly/X1J9Ps
- MindNode https://itunes.apple.com/ca/app/mindnode-delightful-mind-mapping/id312220102?mt=8
- Coggle http://coggle.it
- FreeMind http://freemind.sourceforge.net/wiki/index.php/Main_Page

Permettez-vous de rêver et laissez aller votre imagination!

Planification et structure de votre livre

Lorsqu'on écrit un livre, qu'il s'agisse d'un livre de fiction ou non, il y a une structure précise qui permet de captiver l'attention du lecteur. Par exemple, il doit y avoir un début, un milieu et une fin. C'est pourquoi il est intéressant d'utiliser un outil qui vous permettra de bien organiser votre travail, comme *Scrivener* dont je vous parle dans les pages suivantes. La beauté de la technologie est que nous avons à notre disposition des outils très intéressants pour nous faciliter la tâche. Les bons outils peuvent stimuler notre créativité et nous permettre de prendre note de nos idées et les organiser à mesure qu'elles se présentent.

Structure d'un roman

Un roman n'est pas structuré de la même manière qu'un livre non romanesque. Il faut en effet mettre du suspense dans un roman afin de capturer l'intérêt du lecteur. Un roman doit avoir une intrigue dont l'introduction est faite dès le début pour capter l'attention. Un roman devrait être construit une scène à la fois. Chaque scène doit mener à la prochaine scène et révéler un peu plus les personnages pour leur faire prendre vie graduellement, même lorsque deux situations évoluent en parallèle. C'est-à-dire que les scènes peuvent alterner entre les deux situations, mais une scène d'une situation doit mener à la prochaine scène de cette même situation.

Voici les sections logiques d'un roman:

Le début

- Introduire les personnages
- Établir la situation
- Faire état du conflit (*le conflit est un élément important du roman*)
- Poser la question du récit, qui mène aux prémisses du roman

Le milieu

Le milieu représente une suite d'événements qui ont des conséquences et un effet sur les personnages. Chaque événement doit être en rapport avec les prémisses, évoluer vers la résolution du conflit et révéler davantage les personnages.

La fin

Le dénouement doit comporter un événement charnière qui résout le conflit et prouve les prémisses.

La résolution doit répondre à la question présentée au début du roman, si cette réponse n'a pas déjà été donnée par le biais du dénouement.

Structure d'un livre non romanesque

Un livre non romanesque peut prendre de nombreuses formes : livre technique, biographie, etc. La structure est différente de celle d'un roman, car l'intrigue n'est pas nécessaire. Mais vous devez vous assurer qu'il y a un début, un milieu et une fin, soit une introduction, la matière principale et une conclusion.

Les sujets devraient être introduits dans un ordre logique et le tout doit être cohérent. Autrement dit, il faut des liens entre les chapitres pour éviter de donner une impression de lecture décousue.

Organiser la structure

Choisissez le sujet que vous voulez traiter. Définissez les aspects que vous voulez couvrir. Placez ces éléments dans un ordre logique et naturel pour le lecteur. Vous devez rendre la lecture facile et éviter de faire travailler votre lecteur ou de lui apporter de la confusion. Vous devez répondre à toutes les questions qu'il pourrait avoir, dans une mesure raisonnable.

Quel résultat final proposez-vous à vos lecteurs? Quel plan ou quelle solution désirez-vous leur transmettre?

Déterminez les 10 étapes (ou plus selon votre sujet) qui vont mener au résultat final. Ces grandes étapes représentent vos chapitres. Vous pouvez avoir plus d'un sujet par chapitre mais tenez-vous en à un thème.

Mettez vos idées sur papier pour chaque chapitre. Pour ce faire, vous pouvez utiliser un outil de *mind mapping* ou encore Scrivener pour créer chacun de vos chapitre. Je vous parle beaucoup de Scrivener car cet outil a vraiment fait une différence pour moi. Il me facilite énormément la tâche pour beaucoup de choses.

Faites ensuite une recherche par chapitre ou par sujet pour compléter, enrichir ou appuyer vos idées. Ajoutez cette information à vos chapitres dans Scrivener. Ce matériel vous servira de base pour rédiger chaque chapitre. Voici un exemple de comment vous pouvez organiser l'information dans Scrivener:

Vue en format 'Tableau de liège' dans Scrivener

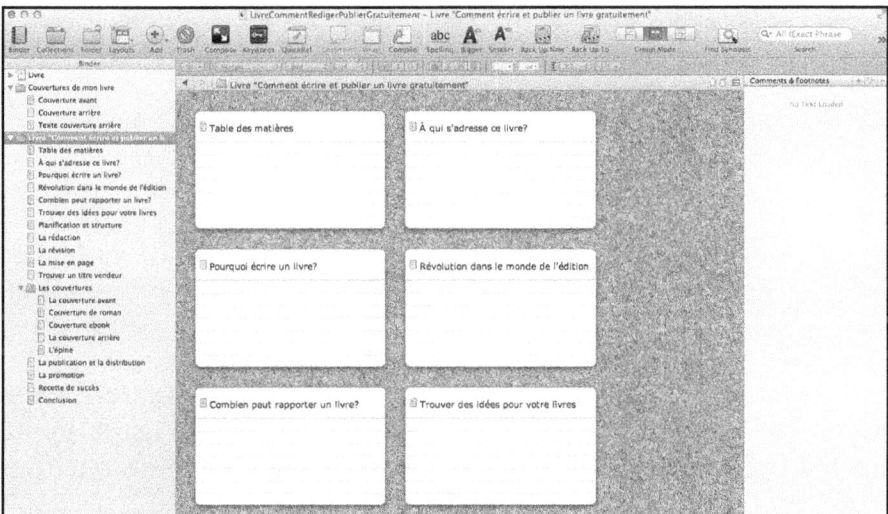

Si vous désirez produire un livre de 200 pages, vous pouvez produire 10 chapitres de 20 pages ou 20 chapitres de 10 pages. Pour un livre de 300 pages, vous pouvez produire 30 chapitres de 10 pages, 10 chapitres de 30 pages, 15 chapitres de 20 pages et ainsi de suite.

Planifier votre temps d'écriture

Pour produire un livre, il faut une certaine discipline. Par exemple, vous pouvez vous fixer un objectif d'écrire 5 ou 10 pages par jour. Si vous visez un livre de 200 pages, à 10 pages par jour vous aurez écrit votre livre au bout de 20 jours. Vous voyez donc qu'écrire votre livre en un mois est tout-à-fait possible. Fixez-vous des objectifs et ne vous inquiétez pas si vous les dépassez. Vous vous rendrez compte que, même si vous prenez un peu plus de temps, vous produirez beaucoup plus si vous avez des objectifs précis que si vous n'en avez aucun.

Il y aura bien sûr une période de relecture et révision, mais vous voyez que produire un livre en 1 mois est tout-à-fait possible. Cependant, lorsque vous commencez, il est normal de vous accorder un peu plus de temps. La clé, pour être productif(ve), est de bien structurer vos idées au départ. Le reste coulera de source.

La rédaction

Une fois les idées trouvées et la structure déterminée, il est temps de commencer à rédiger.

Utiliser les bons outils

Lorsque vous rédigez de façon soutenue, vous allez rapidement vous rendre compte que plus votre livre grossit, plus les pages s'ajoutent et plus il devient difficile de s'y retrouver lorsqu'on travaille avec un logiciel de traitement de texte. Vient un moment où on ne se souvient plus si on a parlé de quelque chose ou non.

Scrivener est non seulement un outil d'organisation du travail et de l'information qui utilise une présentation graphique intéressante, mais il offre également une interface propice à la rédaction. J'ai beaucoup d'idées, alors j'apprécie de pouvoir les noter rapidement et leur donner une structure à mesure que je les note. Ceci est possible en créant les sections que vous voyez à gauche de l'écran sur l'image suivante. Vous pouvez créer des dossiers et ajouter autant d'éléments que vous voulez à l'intérieur de ces dossiers. Une fois les éléments ajoutés, vous cliquez sur l'élément et rédigez dans la page qui apparaît à droite. Chaque section a sa propre page et un clic vous permet de naviguer facilement d'une page à l'autre.

Avec Scrivener, vous voyez en un coup d'œil tout le contenu de votre document. Cet outil comprend un correcteur en français et vous donne en tout temps le nombre de mots que votre document contient. Vous voyez donc en un coup d'œil tout les éléments du document et pouvez les déplacer à volonté. Ce déplacement de pages et de chapitres est beaucoup facilité par rapport à un déplacement dans un outil de traitement de texte.

Le fait de voir le matériel de façon graphique dans l'outil vous permet d'avoir une meilleure perspective de l'ensemble de l'ouvrage. Voici à quoi peut ressembler Scrivener lorsqu'on rédige un livre :

Vue en format 'Rédaction' dans Scrivener

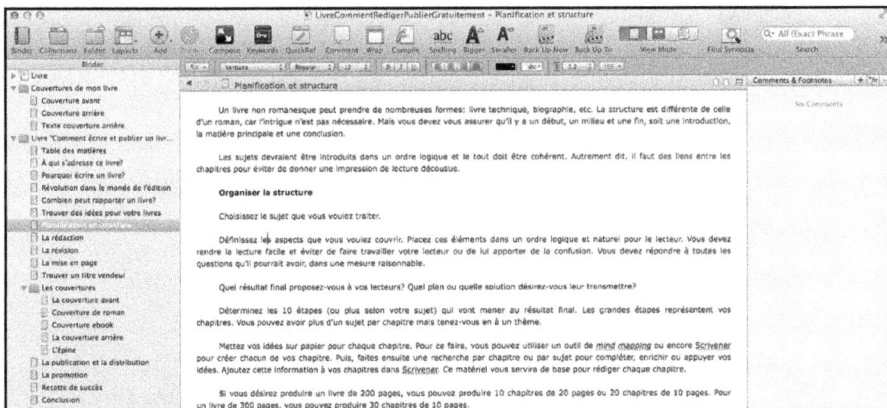

Scrivener est conçu pour faciliter la rédaction, bien que le logiciel ait plusieurs autres fonctionnalités. C'est beaucoup plus qu'un outil de traitement de texte, bien qu'il s'acquitte de cette tâche à merveille.

Avec Scrivener, vous pouvez mettre vos idées par écrit, puis les organiser et les réorganiser. Vous pouvez ajouter et retirer des éléments et facilement changer ces éléments de place.

Scrivener est un outil que j'utilise énormément pour mes livres mais aussi pour toutes sortes de projets, comme créer des sites Web et des cours, produire des magazines, prendre des notes de toutes sortes comme des mots clés ou des références, sauvegarder mes recherches sur le Web, bref pour toutes sortes de choses. C'est le logiciel que j'ai utilisé pour écrire et produire le livre que vous avez entre les mains. J'ai beaucoup de plaisir à travailler avec cet outil!

Pour plus de détail sur cet outil d'une quarantaine de dollars seulement :

Pour Mac
http://bit.ly/1ux9vpX

Pour Windows
http://bit.ly/X1J9Ps

Révision et corrections

La qualité de vos textes est très importante car c'est souvent un point chaud lors des évaluations de votre livre par vos lecteurs, par exemple sur Amazon. Les livres de qualité médiocre sont plus fréquents maintenant car ce ne sont pas tous les auteurs qui prennent la peine de faire réviser leurs textes. Il est fréquent de voir des évaluations faibles avec des commentaires soulignant les fautes d'un livre sur Amazon. C'est l'une des conséquences de l'autoédition, où nous voyons plus souvent des livres d'une qualité inférieure, où les fautes d'orthographe, de grammaire et de syntaxe sont courantes, où la ponctuation est mal utilisée, les paragraphes et les pages mal organisés et les couvertures peu professionnelles.

Je vous exhorte à éviter ce genre d'erreurs car elles auront des répercussions importantes sur vos ventes. Un des éléments qui favorise ou nuit aux ventes sur Amazon est l'outil d'évaluation avec commentaires et le nombre, sur 5, d'étoiles que les lecteurs accordent à votre livre. Bien sûr, s'il n'y a qu'une seule évaluation défavorable contre un nombre élevé d'évaluations favorables, il est facile de voir que c'est un cas de mauvais appariement entre le lecteur et le livre, mais lorsque les évaluations faibles se multiplient et que les fautes d'orthographe ou autres sont mentionnées à plusieurs reprises, cela indique une faiblesse de l'ouvrage qui peut être très préjudiciable à vos ventes.

Si vous êtes très compétent(e) en rédaction, prenez quand même la peine de bien réviser mais après avoir mis votre manuscrit de côté pendant un certain temps, afin d'avoir une meilleure perspective lors de la relecture. Il est recommandé d'imprimer votre manuscrit, car il est difficile de réviser des textes sur un écran d'ordinateur. Ceci est dû au fait que les fréquences du cerveau ne sont pas en harmonie avec les fréquences des écrans d'ordinateurs, ce qui fait qu'on ne détecte pas aussi bien les fautes sur un écran qu'on le ferait sur le papier.

D'autre part, une personne qui a un regard neuf sur votre livre pourra plus facilement détecter les répétitions, les longueurs, etc. et vous faire des suggestions. Lorsqu'on a mis beaucoup d'efforts à composer un texte, on perd la capacité de voir les erreurs, à moins d'avoir pris un bon temps de recul. C'est comme ne plus voir la forêt et ne voir que les arbres. Pour avoir fait de la rédaction technique pendant des années, je peux vous confirmer que c'est une réalité. Ne lésinez donc pas sur la qualité de vos textes.

On dit que pour rendre un texte impeccable il faut 7 révisions. Bien sûr, avec les correcteurs orthographiques, ce nombre peut être diminué, mais il est difficile à une seule personne de faire toutes ces révisions de façon efficace.

Alors n'hésitez pas à faire appel à des services professionnels de révision. Un(e) spécialiste peut vous coûter quelques dollars mais les règles de grammaire, de syntaxe et d'orthographe sont nombreuses et vous apprendrez énormément en faisant appel à ce genre de services.

J'ai vu une autre technique utilisée dans certains livres: l'auteur demandait aux lecteurs de lui rapporter les fautes pour recevoir $5 pour chaque faute, ou encore $20 si le lecteur trouvait plus de 5 fautes. Je ne sais pas si ça fonctionne bien, mais je trouve l'idée brillante car une telle offre met l'accent sur la collaboration entre le lecteur et l'auteur. À mon avis un lecteur sera davantage porté à envoyer les fautes à l'auteur pour un paiement, plutôt que de faire une mauvaise évaluation sur Amazon...

Engager une personne spécialisée... ou non?

Faites appel à une personne professionnelle qui connaît l'orthographe, la grammaire et la syntaxe. Vous devez trouver quelqu'un qui connaît bien les règles de la langue utilisée et qui va corriger les fautes de différentes nature, tout en respectant le ton et la forme de vos textes. Évitez de faire appel à quelqu'un qui va transformer vos textes avec ses propres idées, mais une personne spécialisée pourra corriger vos textes et même vous indiquer, le cas échéant, les passages qui demandent une clarification.

Donnez toujours une commande claire et une date d'échéance. Demandez à la personne quand elle vous rendra vos textes corrigés. Cette étape a des répercussions importantes sur votre date de publication. Rappelez-vous que les paroles s'envolent et les écrits restent. C'est pourquoi il est recommandé de mettre les choses par écrit lorsque vous utilisez des services professionnels. Les vrais professionnels vous proposeront d'emblée un contrat.

La mise en page

Il n'existe pas de mise en page idéale car la mise en page diffère selon le type d'ouvrage, le format de publication et l'élan artistique de l'auteur. Elle vise d'abord et avant tout à rendre la lecture agréable en évitant les irritants qui indisposent le lecteur. C'est un peu comme les bonnes manières: elles servent à nous faire apprécier par notre interlocuteur tout en évitant de l'indisposer.

Il existe cependant quelques règles de base à respecter, car la mise en page comporte plusieurs éléments : le format de la page, la disposition des éléments graphiques, la présentation des différents types de pages, la typographie, les images et les zones blanches de la page. La mise en page pourra varier selon qu'un livre sera publié en format imprimé ou électronique et selon le type de livre. Il est donc nécessaire de faire une mise en page pour le format imprimé et une autre pour les formats électronique.

Typographie

La typographie est l'art d'utiliser les différents types de caractères dans le but de communiquer efficacement, tout en prenant avantage de l'esthétique de ces caractères. C'est une discipline qui a évolué de façon substantielle avec l'avènement des nouvelles technologies et des produits numériques. Elle a initialement été mise au point vers 1440 par Gutenberg, avec l'utilisation des premières machines à imprimer qui utilisaient des caractères en plomb placés à la main sur des barres en vue d'imprimer. C'est véritablement un art et une spécialité. Pour en apprendre plus à ce sujet voyez http://fr.wikipedia.org/wiki/Typographie.

L'objectif d'une bonne utilisation de la typographie est de faciliter la lecture, tout en rendant l'ouvrage harmonieux au regard. Il existe des règles typographiques qui dictent l'utilisation de certains éléments reliés à la typographie. Les règles typographiques françaises varient légèrement selon le pays et le continent. Par exemple, en Amérique du Nord on ne met pas d'espaces avant le point d'interrogation et d'exclamation, alors qu'on le fait en Europe.

Les règles typographiques gouvernent plusieurs éléments dont le type de police de caractères, les espaces entre les lettres, les espaces entre les lignes, la justification du texte, les paragraphes, les blancs, les espaces entre les lettres et les lignes, les mots divisés, la ponctuation, les abréviations, les lignes orphelines, les notes de bas de page, les puces, etc.

Certaines règles de typographie sont impératives, alors que d'autres règles relèvent de l'usage et peuvent être adaptées. Les règles typographiques sont également légèrement différentes pour les livres électroniques, car elles dépendent de la disponibilité des codes HTML pour les caratères spéciaux. Ce sont simplement des limitations techniques.

Voici une référence en format PDF pour les règles de typographie françaises :

http://www.synapse-fr.com/typographie/TTM_0.htm

Voici des références pour les règles de typographie québécoises :

http://66.46.185.83/liensutiles/index.asp?Id=999&noT=45&T=Typographie
http://www.oqlf.gouv.qc.ca/francilettre/pdf_franc8/ExtraitCCLQTI_Espacements.pdf

Wikipédia offre même une comparaison de la typographie entre les différents pays francophones :

http://fr.wikipedia.org/wiki/Comparatif_des_diff%C3%A9rents_codes_typographiques_francophones

Notez que vous trouverez de nombreuses références en faisant une simple recherche sur le Web. Bref, familiarisez-vous avec les règles typographiques qui s'appliquent à votre lectorat principal, tout en gardant à l'esprit que vos lecteurs tiendront sûrement compte de la nationalité de l'auteur. Consultez-les afin d'éviter des erreurs qui deviennent des irritants importants, par exemple une mauvaise utilisation des virgules, comme ce fut le cas dans un des derniers livres que j'ai lus.

Polices de caractères

En général, on utilise une police de caractères avec sérif pour un livre imprimé et sans sérif pour un livre électronique. La raison est la facilité de lecture, car les caractères avec sérif sont plus faciles et agréables à lire sur le papier, alors que les sans sérif sont en général plus faciles à lire sur les écrans d'ordinateurs ou de tablettes.

Caractères avec sérif

Les caractères avec sérif ont des empattements verticaux ou horizontaux à la fin des traits de la lettre. Voici un exemple avec l'empattement encadré. Les empattements donnent des points de repère à l'œil, permettant d'identifier plus rapidement les lettres.

Caractères sans sérif

Les caractères sans sérif ont des traits droits sans empattements. Voici un exemple de caractère sans sérif.

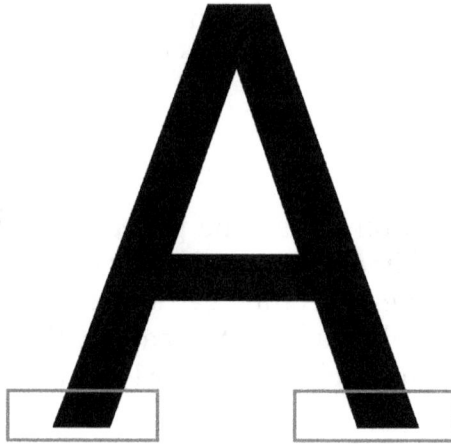

Polices de caractères privilégiées pour l'édition de livres

Texte principal

Parmi les polices avec sérif populaires pour les livres imprimés, nous retrouvons Garamond, Century et Georgia. Garamond est une police de caractères élégante, classique et traditionnelle du monde de l'imprimerie et a été privilégiée pendant très longtemps. Georgia est cependant en voie de devenir le nouveau standard, puisqu'elle a été conçue pour une lecture facile sur les écrans d'ordinateurs. Elle est en quelque sorte le Garamond des livres numériques et peut être utilisée pour les textes longs des livres numériques. La police Times New Roman, très dense, a été conçue pour les colonnes étroites de journaux et est devenue un standard dans les logiciels de traitement de texte. Étant donné son utilisation intensive, elle n'est pas recommandée.

Les polices sans sérif les plus populaires sont Arial, Calibri, Verdana, Franklin et Tahoma. Il y a aussi Arial et quelques autres mais, tout comme Times New Roman, Arial est très utilisée, ce qui la rend monotone.

Certaines polices sans sérif ont spécifiquement été conçues pour une lecture sur écran d'ordinateur, dont Lucida, Verdana et Tahoma (similaire à Verdana mais plus condensée), en plus de la police Georgia qui est l'équivalent de Verdana mais avec sérif. Si vous choisissez une police sans sérif, privilégiez Verdana ou Tahoma. Puisque Georgia est plus condensée, elle conviendra mieux si vous avez beaucoup de texte à présenter. Le présent livre utilise la police Georgia.

Évitez les polices de caractères trop fantaisistes. Il est fortement recommandé de s'en tenir aux polices standard car les tablettes ne lisent pas toutes les police de caractères et vont simplement en substituer une autre selon ses paramètres, ce qui ne produira pas nécessairement un résultat heureux au niveau de l'apparence du livre.

Titres

Il est recommandé d'utiliser une ou deux polices de caractères différentes pour les titres. Ceci permet de bien les distinguer du texte. Les caractères sans sérif conviennent bien aux titres. Par exemple, si votre texte est fait avec sérif, des titres sans sérif conviendront bien. Cependant, l'inverse n'est pas nécessairement vrai. Gardez-vous d'utiliser plus de trois polices de caractères différentes car cela serait irritant pour vos lecteurs. Une troisième police pourrait, par exemple, être utilisée pour identifier les images et les graphiques, le cas échéant, afin de bien les distinguer du reste du texte et des titres.

N'utilisez pas deux polices différentes qui se ressemblent. Elles doivent plutôt être complémentaires. Gardez la cohérence tout au long de votre livre, c'est-à-dire utilisez les mêmes polices pour le texte et les titres partout. Les types de caractères sont finalement des outils précieux pour présenter vos textes.

Taille des caractères

Vous observerez que deux polices différentes ont, pour une même taille, une grosseur différente. La taille des caractères est mesurée en points. Vous pourrez donc utiliser, selon les polices choisies, une taille entre 9 et 12 points pour le texte et une grosseur supérieure pour les titres. Certains livres demanderont une taille plus grande, comme par exemple les livres pour enfants ou personnes âgées, alors à vous de juger.

La taille doit être choisie en fonction du livre, c'est-à-dire un livre pour adultes ou enfants, un nombre de pages élevé (police plus petite) ou limité (police plus grosse), lecteurs d'âge mûr (police plus grosse) et format, c'est-à-dire une police plus petite dans un format plus petit.

La meilleure façon de choisir la bonne taille et le bon type de caractère est d'imprimer une page échantillon sur votre imprimante. Cela vous donnera une meilleure idée de l'apparence de votre livre lorsqu'il sera imprimé.

Paragraphes et justification

Le texte d'un livre sera justifié, c'est-à-dire qu'il présentera un bloc rectangulaire agréable à l'œil, sauf pour la première ligne qui comporte un alinéa et la dernière ligne qui est souvent trop courte pour être justifiée et qui présenterait des espaces trop larges entre les mots, le cas échéant.

Les coupures de mots doivent correspondre à la division syllabique. Il est possible de ne pas couper les mots car c'est une option disponible avec les logiciels de mise en page. Si le texte est justifié, la coupure de mots n'est pas nécessaire et il est même préférable de ne pas l'utiliser, car celle-ci produit des effets parfois bizarres lors de la conversion en format électronique.

Marges

Il est important de respecter les marges minimum pour l'impression. Si vous possédez une imprimante, vous avez sûrement remarqué qu'elle n'est pas en mesure d'imprimer jusqu'au bord de la page et c'est la même chose pour un livre, sauf pour certaines images. D'autre part, les marges sont des espaces blancs et peuvent être utilisées pour 'aérer' un texte afin d'éviter qu'il n'apparaisse surchargé. Pour un livre de 6 pouces (15,25 cm) par 9 pouces (23 cm), il est recommandé d'utiliser une marge d'au moins un 1/2 pouce (1,25 cm) à l'extérieur et de 3/4 de pouces (2 cm) à l'intérieur, afin d'accommoder la reliure. La marge extérieure peut être la même que celle de l'intérieur ou un peu plus étroite mais pas moins de 1/2 pouce. Faites des essais pour le format de livre que vous désirez afin de déterminer la largeur de marge la plus avantageuse pour la présentation de votre livre.

Pagination

La pagination est un outil pour permettre au lecteur de s'y retrouver facilement lors de ses sessions de lecture. Certaines pages ne comportent pas de numéro de page, comme les premières pages du livre, mais elles sont néanmoins prises en compte dans la pagination. Assurez-vous que toutes les pages qui ont besoin d'être numérotées le sont et que les numéros de pages se suivent et utilisent la même police de caractère et la même taille. Les logiciels de mise en page facilitent cette tâche en prenant la pagination en charge.

Les numéros de pages apparaissent sur les côtés opposés selon que le numéro est pair ou impair. Cet ajustement est fait dans le logiciel de mise en page et s'applique aux livres imprimés.

Haut et bas de page

Il est possible d'écrire le titre du livre et/ou le nom du chapitre dans le haut de la page. Cela dépend du type de livre mais peut être utile pour les ouvrages importants. Évaluez si cela représente une valeur ajoutée pour votre livre. Ceci s'applique uniquement aux livres imprimés.

Une adresse de site Web peut être inscrite au besoin au bas de la page pour en faciliter la référence pour le lecteur. Il va sans dire que la pagination et les éléments du haut et du bas de page ne s'appliquent pas aux livres numérisés.

Format du livre

Il existe plusieurs formats populaires selon le type de livre publié. Par exemple, les romans américains ont en général un format de six pouces de largeur par neuf pouces de hauteur, soit environ 15,25 cm de largeur par 23 cm de hauteur. Les livres pour enfants, les livres académiques, les biographies et autres ont d'autres formats. Pour choisir le format idéal pour votre livre, regardez les autres livres qui sont similaires à celui que vous voulez produire et prenez note de leur formats. Vous pourrez ensuite apparier ce format à un des formats qui vous sont offerts par le service d'impression et de distribution. Voici un exemple des choix de dimensions disponibles avec le service CreateSpace.

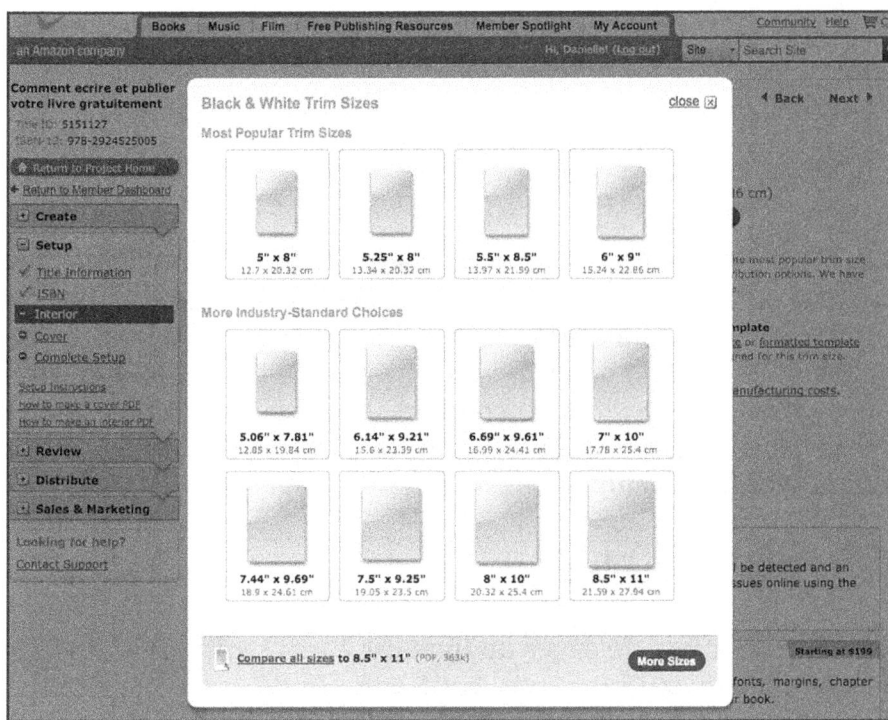

Pages de début et de fin du livre

Les premières pages comprennent le nom de l'auteur, la maison d'édition, l'année de parution, l'information relative aux droits d'auteur, les avertissements légaux, la table des matières, la préface et l'avant-propos.

Les pages de fin du livre comprennent le détail des notes et des références, la bibliographie, l'index, les messages aux lecteurs et la biographie de l'auteur. Par exemple, on voudra sans doute référer le lecteur au site Web de l'auteur et peut-être même solliciter une évaluation sur une site comme Amazon.

Pour les livres imprimés, on ajoutera des pages blanches au besoin, afin de rendre le nombre de pages divisibles par quatre. Tout livre imprimé doit en effet avoir un nombre total de page qui est un multiple de quatre car c'est un exigence d'impression et de reliure. On arrondit donc le nombre final avec des pages blanches judicieusement placées au début ou à la fin du livre. Cette exigence

45

ne s'applique pas aux livres électroniques car leur texte est fluide selon qu'il est affiché en format portrait ou paysage et selon la grosseur choisie par le lecteur pour l'affichage du texte.

Couleurs

La couleur peut être utilisée à volonté dans les livres numériques pour l'intérieur du livre, mais lorsqu'on imprime un intérieur de livre en couleurs, cela en augmente le prix de façon substantielle. Il faut donc prévoir de vendre le livre beaucoup plus cher s'il est entièrement en couleurs. Cela ne s'applique pas aux couvertures de livres qui sont toujours en couleurs. Évitez que le prix de vente devienne un obstacle pour vos lecteurs.

Nombre total de pages

Le nombre de pages du livre est à la discrétion de l'auteur mais vous devez néanmoins tenir compte de certains facteurs. Par exemple, un livre très volumineux qui n'est pas un ouvrage de référence aura tendance à décourager le lecteur qui réfléchira deux fois avant de s'engager dans une lecture qui lui demandera beaucoup de temps pour terminer. D'autre part, l'avènement des livres électroniques a produit une tendance vers des livres d'environ 150 ou 200 pages. Ce nombre de pages est de plus en plus populaire car avec les moyens de communication électroniques, les gens ont tendance à préférer les ouvrages moins volumineux. Si vous avez beaucoup de matière à présenter, optez plutôt pour une série de livres, ce ne sera que plus rentable pour vous!

Bref, si nous résumons, voici quelques principes utiles...

Règles générales pour un livre imprimé

- Utilisez une police de caractère avec sérif, entre 10 et 12 points pour le texte et plus grosse pour les titres
- Utilisez les espaces blancs de la page en fonction du type de livre
- Justifiez le texte sur les deux côtés de la page

- Divisez votre texte en paragraphes qui rendent la lecture moins lourde
- Si vous utilisez des images, prenez avantage des possibilités offertes par les logiciels de mise en page pour rendre la page dynamique
- Utilisez une pagination et assurez-vous qu'elle est correcte
- Utilisez judicieusement les titres et sous-titres et faites les sauts de pages appropriés
- Commencez toujours un nouveau chapitre sur une nouvelle page

Règles générales pour un livre en format électronique

- Police de caractère sans sérif comme Verdana ou avec sérif comme Georgia
- Les espaces blancs sont utilisés de manière différente car il existe une limite sur leur disposition dans la page
- Justifiez le texte sur les deux côtés de la page
- Divisez votre texte en paragraphes qui rendent la lecture moins lourde
- Si vous utilisez des images, vous devrez les adapter au format électronique
- Utilisez judicieusement les titres et sous-titres et faites les sauts de pages appropriés

En somme, on détermine le modèle de mise en page désiré, on se fait un gabarit et on conserve cette mise en page d'un livre à l'autre. Par exemple, si vous publiez une série, conservez la même mise en page pour tous les livres de cette série afin d'éviter de dérouter le lecteur à mesure qu'il découvre chaque livre de la série. Le but est toujours de rendre la lecture agréable et harmonieuse et d'éviter de déranger le lecteur avec des irritants. Voici une excellente référence pour les règles générales de mise en page :

http://pragmatice.net/polices/infos/typographie.pdf

Logiciels de mise en page

Scrivener

Scrivener peut être utilisé à la fois comme un outil de traitement de texte et comme un outil de mise en page pour les livres composés principalement de texte. Ce logiciel fait une mise en page base pour les livres imprimés et peut faire une mise en page pour les livres numériques pour les formats Kindle (Amazon), epub (Apple) et Smashwords. Smashwords est un service spécialisé de publication et de distribution de livres numériques par les auteurs. C'est ce qu'on appelle *Indie* en anglais, terme également utilisé pour les films d'auteurs. Smashwords est offert en anglais seulement.

Scrivener vous permet de gérer vos idées et d'importer un fichier de *mind mapping*. Sa force est donc au niveau du contenu, des mots et des idées, mais pas nécessairement au niveau de la mise en page. Cependant, si votre livre contient principalement du texte, ce logiciel sera amplement suffisant pour publier en format papier et numérique. Scrivener est très efficace pour convertir aux formats numériques.

Adobe inDesign

inDesign est un outil de la suite Adobe CC qui a la capacité de produire des mises en page très sophistiquées. C'est l'outil de mise en page par excellence pour le matériel imprimé et la dernière version fait une conversion impeccable en format ePub.

Ce logiciel permet une grande souplesse de composition des pages. On peut par exemple parfaitement adapter le texte au contour d'une image et produire toutes sortes d'effets graphiques. On peut utiliser une grande variété de polices de caractères. On peut ajuster le crénage (*kerning*), qui est l'espace entre les lettres, et le *leading,* qui est l'espace entre les lignes, de façon très précise. On peut produire une table des matières et un index. Les options offertes par inDesign sont trop nombreuses pour toutes les énumérer ici, mais inDesign permet de publier en différents formats dont :

- PDF de très haute qualité pour l'impression sur papier
- PDF interactif de moindre résolution pour le Web mais pouvant contenir des liens cliquables, de l'audio et des vidéos
- ePub pour les iPads et iPhones
- Flash pour un format flip interactif où le livre, situé dans une page Web, a des pages qu'on peut tourner comme un magazine en papier, tel que montré dans la vidéo gratuite disponible sur FormationMieuxEtre.com.

Bien qu'on puisse utiliser inDesign pour taper les textes et que le logiciel soit en mesure de faire la correction orthographique, il n'est pas nécessairement le meilleur outil pour composer et corriger les textes. Personnellement, lorsque je produis un livre, je compose mes textes avec Scrivener, puis je les exporte vers inDesign. Il est même possible de synchroniser les fichiers de façon à ce que si vous faites une modification dans Scrivener, la modification sera automatiquement transférée au fichier inDesign. Mais vous pouvez tout simplement faire un Copier/Coller.

inDesign fait également le suivi de la modification des images et vous avise lorsqu'une image a été modifiée pour que vous puissiez en faire la mise à jour en cliquant simplement sur une icône de triangle jaune dans l'application.

Ma préférence personnelle est d'utiliser Scrivener pour faire le plan du livre, pour noter mes idées, pour y ajouter mes recherches, pour composer mes textes et pour exporter en format Kindle et parfois ePub. Mais puisque mes livres sont généralement illustrés, je transfère mon texte dans inDesign et je fais une mise en page plus recherchée avec les éléments graphiques choisis.

Exemple de mise en page avec inDesign

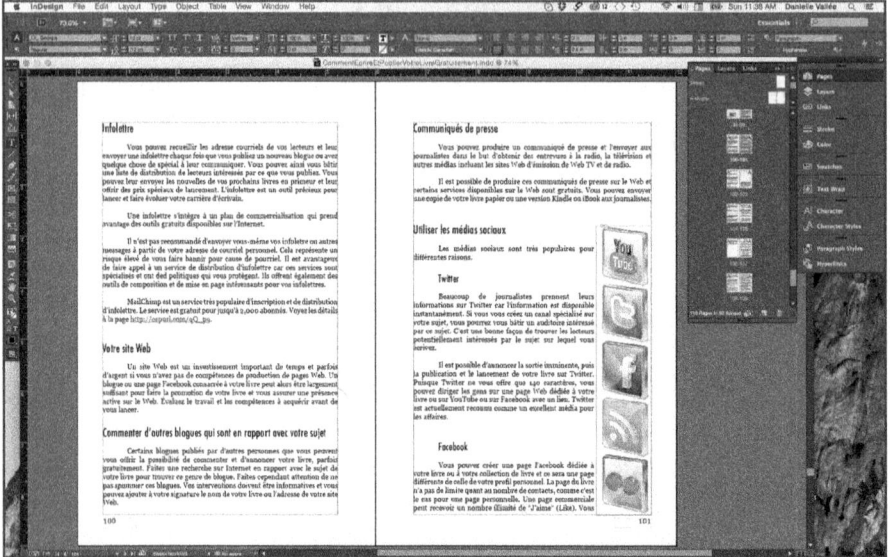

Images

Il convient d'utiliser les images de façon judicieuse. Les images ne servent pas seulement à meubler les espaces vides des pages. En général, l'image doit appuyer le texte et le compléter, tout en ajoutant du dynamisme à la page. L'utilisation d'images simplement pour décorer et la mauvaise utilisation des images peuvent même être irritantes pour le lecteur!

Il est donc important de bien choisir les images. Le choix d'images comporte plusieurs éléments:

- La qualité de la composition
- Le format
- Les couleurs
- La résolution
- Les droits d'auteur

Composition

La composition d'une image est la disposition des éléments qui rendent l'ensemble de l'image agréable à l'œil. En général, si une image vous plaît c'est parce que sa composition est bonne, autrement il y aura 'quelque chose' qui vous dérangera. Il est possible de rogner une image pour lui donner un aspect différent, changeant ainsi sa composition.

Couleurs

Les couleurs ont un effet sur les gens et sont utilisées pour transmettre un message, établir une ambiance, donner une impression. On se sert des différentes couleurs pour transmettre différentes émotions. Les couleurs inspirent selon les cultures et les perceptions et une même couleur peut même inspirer des choses contradictoires. Tout est fonction de la composition de l'image. Voici une liste de couleurs et de ce qu'elles peuvent inspirer dans le monde occidental, mais rappelez-vous que ce n'est pas absolu car la combinaison des couleurs joue également un rôle.

- Rouge : chaleur, amour, colère, danger, audace, enthousiasme, vitesse, force, énergie, détermination, désir, passion, courage, socialisme.
- Rose : féminité, amour, dévouement, sécurité, rassurant.
- Orange : bonne humeur, coût peu élevé, abordable, enthousiasme, stimulation, créativité, agression, nourriture, Halloween, libéralité.
- Jaune : attire l'attention, confort, animé, peureux, équitable, optimisme, être débordé, été, intellectuel, bonheur, énergie, conflit.
- Vert : durabilité, fiabilité, environnement, luxe, optimisme, bien-être, nature, calme, relaxation, printemps, sécurité, honnêteté, harmonie, fraîcheur, argent, prospérité.
- Bleu : paix, professionnalisme, loyauté, fiabilité, honneur, digne de confiance, mélancolie, ennui, froideur, hiver, profondeur, stabilité, conservateur.
- Pourpre : pouvoir, royauté, noblesse, élégance, sophistication, artificiel, luxe, mystère, magie.
- Gris : conservateur, traditionnel, intelligence, sérieux, ennuyant.
- Brun : relaxant, confiant, informel, rassurant, nature, terre, solide, fiable, authentique, automne, endurance.
- Noir : élégance, sophistication, formel, pouvoir, force, illégalité, dépression, morbidité, nuit, mort.
- Blanc : propreté, pureté, nouveauté, virginité, paix, innocence, simplicité, stérilité, neige, glace, froid.

On dit des couleurs qu'elles sont froides ou chaudes. Plus elles vont vers le rouge, plus elles sont chaudes, plus elles vont vers le bleu, plus elles sont froides. En général, on utilisera au moins une couleur chaude pour la couverture car c'est ce qui incitera le lecteur à l'achat de façon inconsciente. Par exemple, même si tous vos autres éléments sont des couleurs froides parce que le livre est une histoire policière de meurtre, vous pouvez utiliser une couleur chaude pour un élément de l'image ou du titre.

Les couleurs foncées donnent une impression de lourdeur, alors que les couleurs claires donnent une impression de légèreté. L'opulence est inspirée par le rouge bourgogne et le vert foncé. La pauvreté est indiquée avec du gris et du brun foncé. Les saisons sont également indiquées avec leurs couleurs respectives, soit les tons pastels pour le printemps, le vert et les couleurs franches pour l'été, les tons chauds de jaune, d'orange et de brun pour l'automne et les couleurs froides comme le blanc et le bleu pour l'hiver.

Dans le domaine de la vente, les couleurs ont les effets suivants:

- Le rouge donne un sentiment d'urgence et est souvent utilisé pour les achats impulsifs et les choses romantiques.
- Le vert est utilisé pour faire relaxer les gens.
- Le bleu inspire la confiance et est souvent utilisé par les banques.
- Le bleu marine est favorable aux achats pour les gens qui surveillent les prix.
- Le bleu royal a un effet sur les acheteurs impulsifs.
- Le rose est bien perçu par les fillettes, les jeunes filles et les femmes.
- Le jaune attire l'attention.
- L'orange donne de l'énergie et incite à l'action.
- Le pourpre inspire le calme.
- Le noir vend bien les produits luxueux ou agressifs.

Les hommes et les femmes voient les couleurs de façon un peu différentes. Par exemple, une teinte subtile de rouge orangé sera perçue comme rouge par un homme car il est souvent moins sensible aux couleurs. Les hommes voient aussi le vert comme un peu plus jaune que les femmes. Les femmes sont moins sensibles aux couleurs des détails des objets que les hommes.

Formats

Il existe de nombreux formats d'images et il y en a trop pour tous les discuter ici. Certains formats et résolutions sont utilisés pour les livres papier et certains formats et résolutions conviennent davantage au Web, donc aux livres en format électronique. Voici les particularités des formats les plus courants pour le domaine de l'édition.

PSD

Une exception est le format PSD (.psd), qui est le format des fichiers sources produits par Photoshop de Adobe. PSD est l'acronyme de *Photoshop Document.* Ce format est d'une grande qualité et est généralement le format utilisé pour l'image source de la couverture du livre, qui sera ensuite convertie en un format JPEG ou PDF. Le format PSD permet de faire des couches séparées pour les différents éléments de l'image, ce qui permet de bouger un élément sans affecter les éléments sur les autres couches. C'est ce qu'on appelle un mode non destructif. Il est alors possible de traiter chaque couche indépendamment pour jouer avec la transparence, la saturation, les teintes et autres. Le logiciel de mise en page inDesign de Adobe accepte le format PSD et fera la conversion au format PDF le moment venu.

JPEG

JPEG (.jpg) est un des formats privilégiés du Web. C'est un format qui compresse les fichiers pour les rendre moins lourds, mais leur conserve une grande qualité selon le réglage qu'on choisit. C'est un format qui a été créé par les spécialistes de la photographie et il est couramment utilisé par les photographes. JPEG est l'acronyme de *Joint Photographic Experts Group.* Le format JPEG permet de conserver une multitudes de nuances comme on en trouve sur les photographies. Ce format ne permet pas la transparence. C'est un format souvent utilisé pour l'édition de livres.

PNG

PNG (.png) est l'acronyme de *Portable Network Graphics*. Ce format a été créé pour remplacer le format GIF qui est l'objet d'un brevet. Il est également un format de grande qualité et est en général moins lourd que le format JPEG. Il est populaire sur le Web car il permet la transparence.

GIF

GIF est l'acronyme de *Graphics Interchange Format* et est un format qui a été mis sur le marché par Compuserve en 1987. Ce format produit des fichiers plus petits sans perte de qualité et permet la transparence mais il est plus limité car il utilise seulement 256 couleurs. C'est pourquoi il ne convient pas aux photos car celles-ci ont besoin de plus de nuances, mais il convient bien aux images synthétiques à couleurs solides comme les logos.

GIF animé ou GIF89a

Le GIF animé est une évolution du GIF et a été mis au point pour produire des animations de base. Ce format n'est pas utilisé pour les livres imprimés mais peut convenir aux livres numériques. Le principe du GIF animé est d'assembler quelques images qui défilent l'une à la suite de l'autre dans un même fichier, ce qui produit une courte animation. Le fichier produit est donc plus gros. Ce type de fichier peut être intégré à un PDF et un format Flip, tout comme les vidéos et les fichiers audio. On peut produire des GIF animés avec Photoshop.

PDF

PDF est l'acronyme de *Portable Document Format*, créé par la société Adobe. Ce format a été créé avant tout pour convertir des pages complètes et en préserver fidèlement la forme. Par exemple, un document Word dont la mise en page pourrait varier d'un ordinateur à l'autre demeurera complètement stable et fidèle à sa mise en page originale en format PDF. Un PDF peut être produit en différentes qualités, soit une très haute qualité avec un fichier volumineux pour l'impression sur papier, ou une qualité moindre et un fichier plus petit pour le Web. Photoshop et inDesign peuvent tous deux produire et traiter les fichiers PDF.

SVG

Le format SVG n'est pas utilisé pour les livres en papier. L'utilité de ce format se situe au niveau de la possibilité d'agrandir ce type d'image sans perdre de qualité mais pour y arriver il faut traiter cette image avec un logiciel comme Illustrator de Adobe car c'est un format vecteur.

Résolution des images

La résolution des images est très importante et détermine la qualité de l'image et la grosseur du fichier. Lorsqu'on prépare une image pour une impression papier, on veut la meilleure définition et qualité possibles, sans égard à la grosseur du fichier. Les fichiers destinés à l'impression sont toujours assez volumineux, ce qui n'est pas le cas pour le Web. Lorsqu'on prépare une image pour le Web on vise le meilleur rapport qualité-grosseur de fichier. Une qualité moindre ne se remarque pas dans une version électronique et produit un fichier moins gros pour un affichage et un téléchargement plus rapides.

La résolution d'une image se mesure en nombre de points par pouces (PPP) et en anglais DPI pour *Dots Per Inch*. Les points par pouce et pixels par pouce ne représentent pas tout-à-fait la même chose, car les pixels sont disposés de façon différente, mais ils sont équivalents lorsqu'on parle de résolution d'images et ont le même acronyme en français. Le nombre de points par pouce détermine la clarté de l'image et est particulièrement important pour la qualité des livres imprimés. Les livres imprimés ont besoin d'une meilleure définition que les livres numériques, donc d'une résolution supérieure.

Il est recommandé d'utiliser au moins 300 PPP pour les livres imprimés, mais 150 PPP est la limite inférieure et produit un résultat acceptable. N'utilisez pas d'images avec une résolution de moins de 150 PPP car l'image sera floue et aura un aspect 'sale'.

Par contre, les écrans d'ordinateurs demandent une résolution de seulement 72 PPP, bien que les nouveaux écrans *Retina* soient capables d'offrir une bien meilleure résolution. Il faut se rappeler que plus la résolution d'une image est élevée, plus elle demande de bande passante car les fichiers sont plus gros, ce qui ne s'applique pas aux livres imprimés.

Donc pour les livres imprimés on utilisera une résolution entre 150 et 300 PPP et pour les livres numériques entre 72 et 150 PPP.

RVB/RGB et CMJN/CMYK

Le mode RVB, acronyme de Rouge Vert Bleu (RGB en anglais), est une méthode additive utilisée pour l'affichage des couleurs sur les écrans d'ordinateurs. Pour plus de détails, voyez http://fr.wikipedia.org/wiki/Rouge_vert_bleu

Le mode CMJN, acronyme de Cyan, Magenta, Jaune et Noir (CMYK en anglais) représente les couleurs utilisées en imprimerie pour reconstituer toutes les couleurs imprimées. Pour plus de détails, voyez http://fr.wikipedia.org/wiki/Quadrichromie

Les images pour les livres numériques doivent être préparées en mode RVB/RGB. Traditionnellement, les images destinées à l'impression devaient être en mode CMJN/CMYK mais les nouvelles imprimantes sont capables d'accepter le mode RGB. Photoshop a une option dans son menu pour convertir une image en mode RVB ou CMJN mais toutes les images qui proviennent du Web sont en RVB/RGB car le mode CMJN/CMYK ne peut pas être affiché sur une page Web. inDesign a également des options pour les modes RVB et CMJN.

Droits d'auteur

Puisque vous êtes vous-même un(e) auteur(e), vous conviendrez qu'il est important de respecter les droits d'auteur. Les droits d'auteur ne s'appliquent pas seulement aux livres, ils s'appliquent à tout travail de création incluant les images et la musique.

Vous ne voudriez pas que des gens distribuent votre livre gratuitement sans votre consentement, n'est-ce pas? C'est la même chose pour les images. Les auteurs des photos et des illustrations ont travaillé pour produire de belles images et il faut respecter leurs conditions d'utilisation.

Une note concernant l'utilisation de références ou de paroles de chansons ou de musique: l'industrie de la musique est très pointilleuse et il y a eu des cas où les auteurs de livres se sont fait présenter des factures salées simplement pour avoir cité quelques vers d'une chanson. Avis aux intéressés!

Comment trouver des images

Les images peuvent provenir de trois sources:

- Les images que vous produisez vous-même sous forme de photo ou d'illustration
- Les images achetées dans des banques d'images
- Les images trouvées sur Google et pour lesquelles les auteurs donnent leur permission de les utiliser commercialement et même de les modifier.

Si vous avez des talents en dessin ou en photographie, n'hésitez pas à vous en servir!

Les banques d'images ne sont pas gratuites mais sont généralement très abordables et sont utiles si vous recherchez une image bien précise. Certaines d'entre-elles vous vendent les images à l'unité, d'autres fonctionnent sur une base d'abonnement hebdomadaire, mensuel ou annuel et vous permettent de télécharger un nombre prédéterminé ou indéfini d'images. Les banques d'images vous offrent des photos et des illustrations, incluant des dessins 3D. Une banque d'images que j'aime bien utiliser se retrouve à l'adresse suivante: www.iClipart.com.

Google contient un trésor d'images de toutes sortes mais elles ne sont pas toutes disponibles à des fins commerciales, c'est-à-dire que vous ne pouvez pas utiliser des images trouvées sur le Web sans avoir d'abord vérifié si l'auteur vous donne la permission de les utiliser. Lorsqu'une image est publiée sur le Web cela ne signifie pas que l'auteur donne la permission à tout le monde de l'utiliser comme ils veulent. Vous devez donc faire une recherche d'images en utilisant certains critères de recherche, soit pour trouver les images pour lesquelles les auteurs vous donnent la permission de les utiliser commercialement et de les modifier.

Pour trouver ce genre d'images sur Google voici la marche à suivre. Lorsque vous avez l'écran principal de Google, cliquez sur 'Images'.

La fenêtre de recherche d'images s'ouvre. J'ai choisi de rechercher une image représentant un mystère.

Cliquez sur la loupe pour lancer la recherche. Google vous présente alors une série d'images ayant pour un de leurs mot clés 'Mystère'.

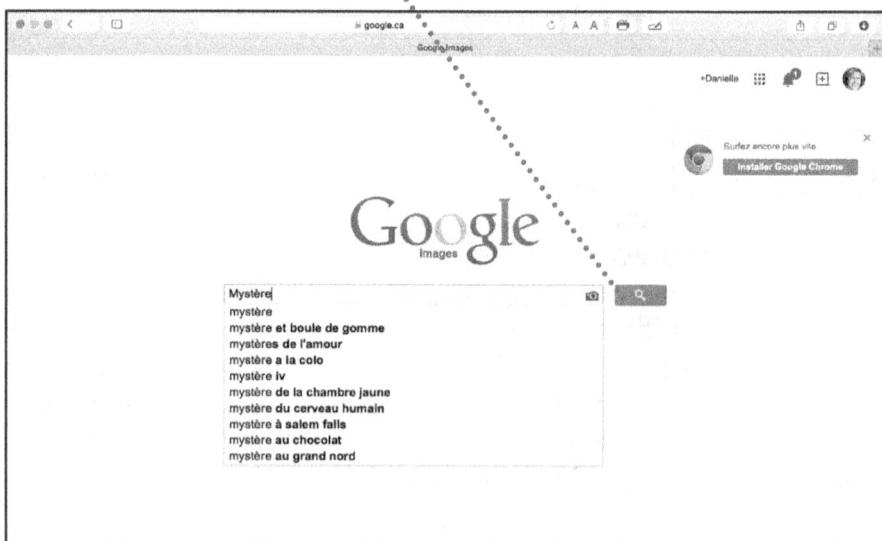

Cliquez ensuite sur le bouton des outils, puis sur l'option 'Recherche avancée'.

Google vous présente alors une série de paramètres pour faire votre recherche. Plusieurs paramètres peuvent être utiles pour la publication d'un livre. Par exemple, vous pouvez choisir la dimension de l'image et le type de fichier.

Le paramètre qui nous intéresse pour trouver des images gratuites et pour lesquelles l'auteur vous donne la permission de les utiliser commercialement et de les modifier est 'Droits d'usage'. Choisissez l'option 'libre de droits d'usage, de distribution ou de modification, y compris à des fins commerciales'. Voir l'illustration page suivante.

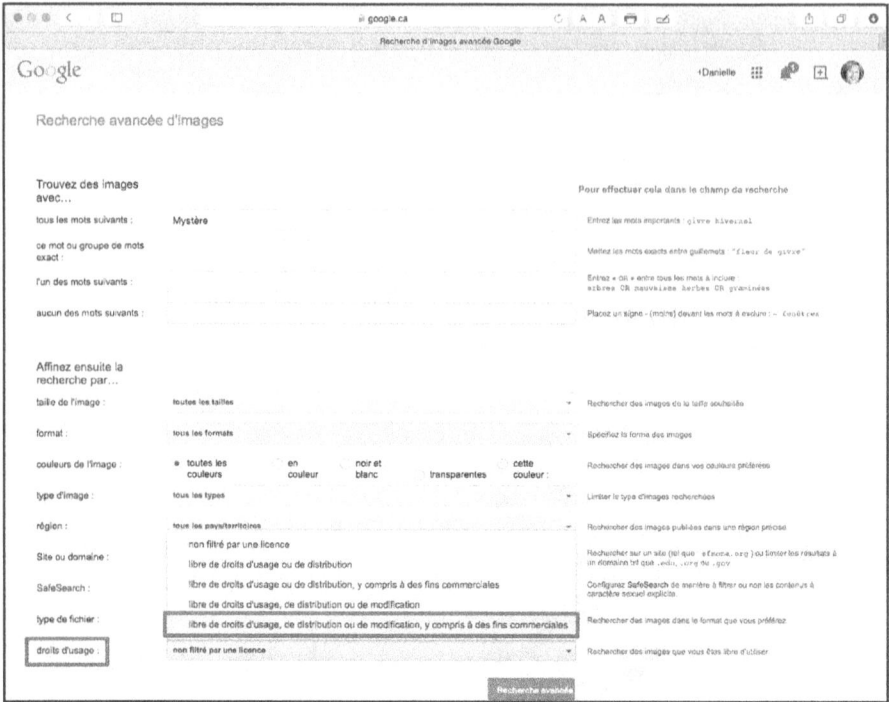

Vous obtenez alors une série d'images que vous pouvez utiliser à des fins commerciales.

Sélectionnez l'image que vous désirez et la page vous menant au téléchargement de cette image s'ouvre et vous offre des images supplémentaires.

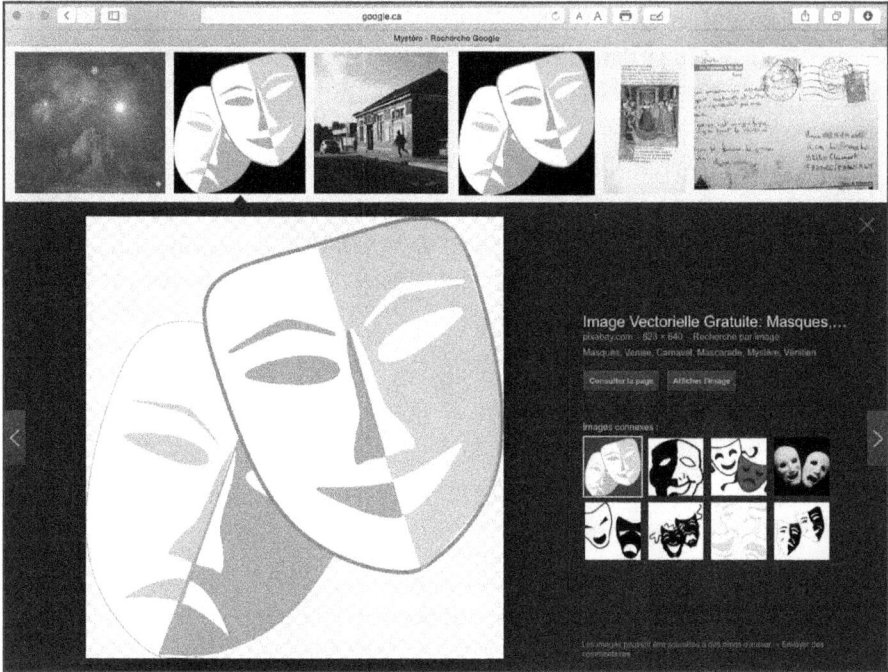

Si vous cliquez sur le bouton 'Afficher l'image' vous arrivez au téléchargement. Vous n'avez qu'à choisir la dimension et télécharger. L'image est disponible en plusieurs formats.

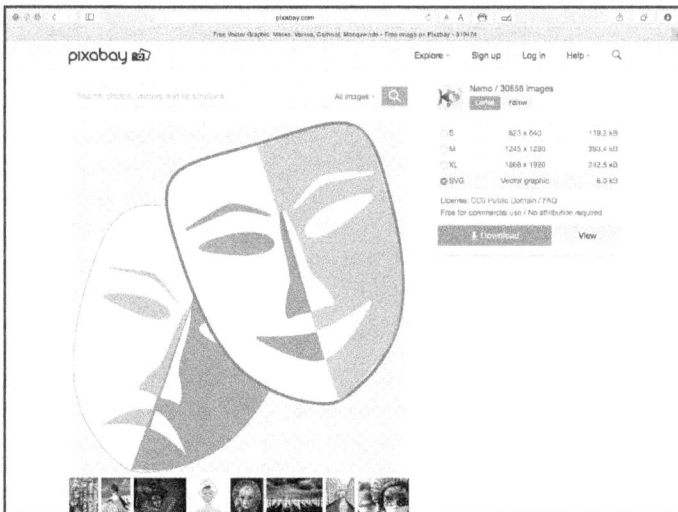

Utilisation des espaces blanc comme éléments graphiques

Les espaces blancs dans une page sont utilisés en design graphique pour produire un certain style aéré et pour alléger les pages, les rendant ainsi attrayantes et plaisantes à regarder.

C'est une technique très utilisée pour les magazines. Cependant, dans le cas d'un roman, les espaces blancs sont peu utilisés car ce n'est pas nécessaire. Les espaces blancs sont alors principalement utilisés dans les marges et les débuts et fins de chapitres.

Trouver un titre vendeur

Le titre est l'un des éléments importants de votre livre. Le titre est la première chose qui permet à votre livre d'être vendu en grande quantité car c'est ce qui détermine sa position dans les résultats des engins de recherche.

Comment fait-on pour trouver un titre vendeur qui sera bien positionné dans les résultats des engins de recherche?

La réponse est : en utilisant les mots clés les plus populaires en rapport avec votre sujet, dans le titre principal et dans le sous-titre de votre livre.

Il existe des outils pour trouver les termes de recherche les plus populaires. Un de ces outils est le *Planificateur de mots clés AdWords* de Google. Avec cet outil, vous pouvez indiquer un mot et recevoir une liste de mots et d'expressions les plus recherchés en rapport avec votre mot clé. C'est-à-dire que vous pouvez incorporer les mots les plus populaires que les gens cherchent au titre de votre livre. Puisqu'Amazon est déjà favorisé au niveau des résultats de recherche, le fait d'utiliser les mots que les gens cherchent fera apparaître votre livre au début de ces résultats.

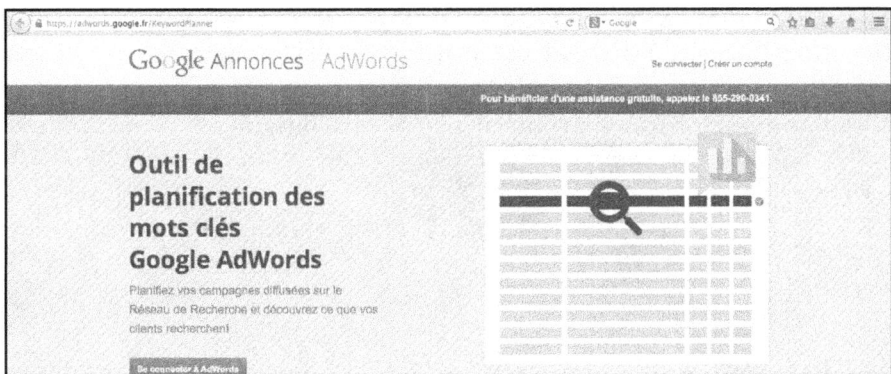

Le *Planificateur de mots clés AdWords* est un outil extrêmement intéressant pour trouver un titre qui fera vendre votre livre, car il vous révèle la quantité exacte de recherches par mois, par année, par territoire, par langue et pays, pour un mot ou pour une expression. En utilisant cet outil, votre livre aura un titre pour lequel il y a déjà une demande. Vous pouvez obtenir des centaines d'idées pour chaque mot clé.

Pour ce faire, choisissez l'option 'Recherche de nouvelles idées de mots clés et de groupes d'annonce, tel que dans l'illustration ci-dessous.

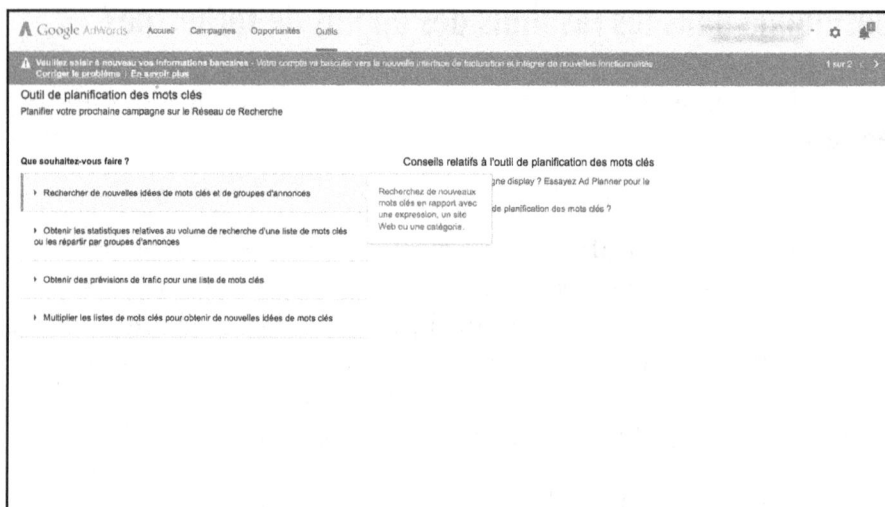

Indiquez ensuite le mot pour lequel vous voulez obtenir des suggestions. Par exemple, si vous désirez faire un livre sur le jardinage, inscrivez le terme 'jardinage' dans l'outil Planificateur de mots clés AdWords et cet outil vous retournera les résultats les plus populaires avec les statistiques pour chaque expression. Vous pouvez indiquer un territoire et une langue.

Voici un exemple des résultats que vous obtiendrez avec l'outil:

Sur la figure précédente, nous voyons que le terme 'jardinage' a été recherché 16,670 fois au cours des 12 derniers mois, en français. Mais lorsque nous allons plus loin dans l'analyse (figure suivante), nous voyons que le terme le plus populaire, qui est jardinage bio, n'a été recherché que 880 fois.

Par contre, le terme 'potager', qui fait partie de la même liste de résultats, est beaucoup plus populaire avec 42,590 recherches.

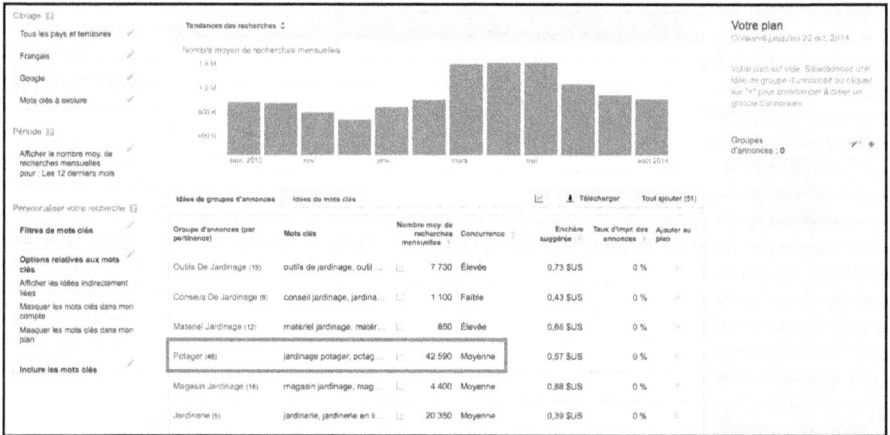

Lorsqu'on clique sur le terme potager pour plus de détails, on voit que 'potager' a été recherché 18,100 fois, 'Carré potager' 8,100 fois et ainsi de suite. Vous voyez également les expressions recherchées avec les taux de recherche pour les 12 derniers mois.

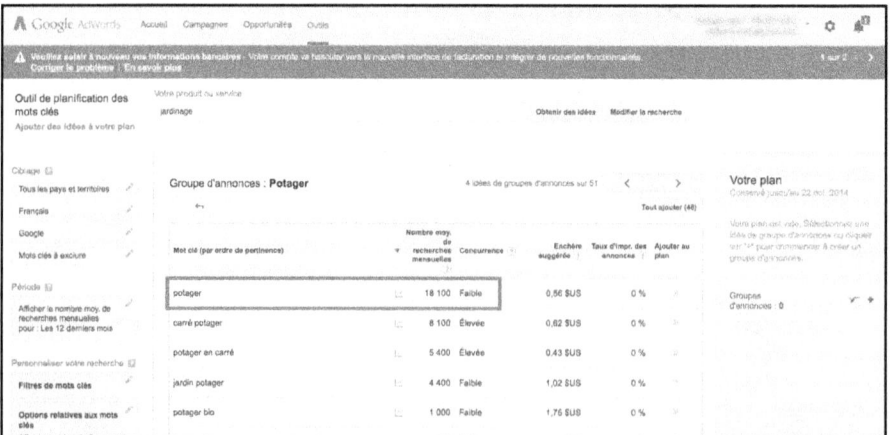

Donc, si vous choisissez un titre de livre contenant le mot 'potager', votre livre aura une bien meilleure position dans les résultats des engins de recherche que si vous choisissez le mot 'jardinage'.

Pour avoir accès gratuitement au *Planificateur de mots clés AdWords*, vous avez simplement besoin d'un compte Google et d'une inscription à Adwords. Vous n'avez rien à débourser pour vous inscrire. Des frais s'appliquent uniquement lorsque vous décidez d'acheter des mots clés auprès de Google afin de payer pour obtenir une meilleure position dans les résultats des recherches ou pour devenir annonceur à droite sur les pages des résultats. Mais vous n'y êtes pas obligé(e).

Vous trouverez l'outil de Google à l'adresse suivante:

https://adwords.google.fr/KeywordPlanner

Le *Planificateur de mots clés AdWords* est donc un outil précieux et gratuit pour vous aider à trouver un titre qui sera très bien positionné dans les résultats des engins de recherches.

Vous pouvez également regarder les livres qui sont les plus vendus sur Amazon pour vous inspirer. Cela vous donnera une idée des sujets qui sont les plus populaires et vous permettra de produire un livre pour lequel il y a déjà une demande. Pour trouver les livres les plus populaires sur Amazon, faites simplement une recherche dans Google en demandant 'Livres les plus populaires sur Amazon'.

Les couvertures de votre livre

La dimension de vos couvertures avant et arrière correspond à la dimension choisie pour votre livre plus 1/8 de pouce (3.1750 mm) tout autour de la page couverture. La dimension de l'épine est fonction du nombre de pages de votre livre.

CreateSpace vous offre un gabarit qui correspond exactement à ce dont vous avez besoin lorsque vous indiquez le nombre final de pages et le format final. Le nombre de pages et le type de papier utilisé déterminent l'épaisseur du livre. Vous devez donc indiquer le nombre de pages et choisir le type papier. C'est alors que vous pourrez obtenir le gabarit de couverture qui convient à votre livre.

La couverture finale est livrée en une seule image PDF, soit la couverture arrière à gauche, l'épine au milieu et la couverture avant à droite.

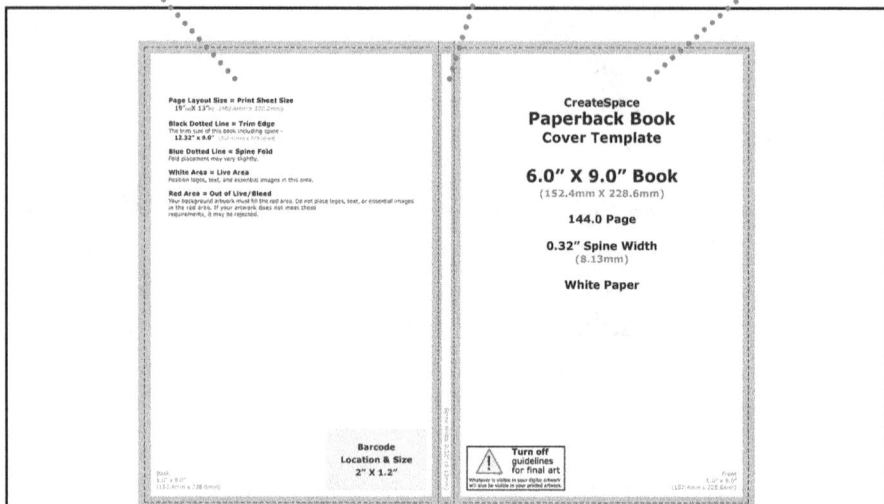

L'image ci-dessus est un gabarit fourni par CreateSpace. Cette image sera imprimée sur une seule feuille qui sera ensuite pliée et appliquée sur l'intérieur du livre. Mais vous pouvez travailler les couvertures et l'épine individuellement avec Photoshop pour ensuite les assembler sur le gabarit. Si votre livre mesure 6 pouces par 9 pouces, vos couvertures avant et arrière mesureront 6 pouces par 9 pouces plus 1/8 de pouce tout autour, donc 6 1/4 par 9 1/4 au total. C'est l'épine qui varie pour accommoder le nombre de pages, donc l'épaisseur du livre. Vous pouvez préparer vos couvertures dès que vous avez choisi le format de votre livre et préparer l'épine à la fin.

Couverture avant

La couverture avant est la deuxième chose qui fera vendre votre livre, après que les lecteurs l'aient trouvé (à l'aide du titre vendeur décrit précédemment). Mais l'ensemble de la couverture, incluant le titre, donne la première impression qui fait acheter le livre ou non. C'est le moment de 'séduction' du lecteur. Rappelez-vous que vous n'aurez jamais une deuxième chance de faire une première bonne impression.

La couverture doit donc être engageante avec un look très professionnel. Si vous ne voulez pas être perçu comme un amateur, il faut que votre livre soit fait de façon professionnelle, d'un bout à l'autre.

On n'a jamais une deuxième chance de faire une première bonne impression...

L'image de la couverture est un élément très important. Elle donne le ton du livre et est un indice quant au contenu. Elle doit être attrayante et donner le goût au lecteur de participer à l'aventure.

Les experts s'accordent pour dire que plusieurs éléments sont essentiels à la couverture :

- Le titre, sa police de caractère et sa couleur
- Le sous-titre, sa police de caractère et sa couleur
- Le nom de l'auteur
- Le nom de la maison d'édition
- La couleur dominante
- L'image utilisée pour la couverture avant
- Le design final de la couverture
- Le titre de la couverture arrière
- La description du contenu sur la couverture arrière
- La mini-biographie sur la couverture arrière
- Des témoignages qui parlent de votre livre
- Le code UPC sur la couverture arrière
- L'épine

Procurez-vous de belles images, soit à partir d'une banque d'image comme iClipart.com, soit à partir de Google, soit à partir d'illustrations que vous aurez préparées ou de photos que vous aurez prises. Bref, ne vous imposez pas de limites, respectez seulement les droits d'auteur!

Vous pouvez superposer les images, par exemple le visage d'une femme sur un fond de plage. Vous pouvez modifier les teintes pour inspirer différentes émotions comme le bonheur, la peur, le mystère... Il n'y a pas de limites à ce que vous pouvez faire si vous utilisez les outils appropriés.

Logiciels et services de préparation de couverture de livres

CreateSpace

CreateSpace offre des modèles de couvertures pour vos livres. Ils sont faciles à utiliser, mais vous risquez de voir la même couverture sur un autre livre, même si le titre et l'auteur sont différents. Or, la couverture d'un livre est un élément important de vente, alors évaluez s'il vaut la peine d'y consacrer un peu plus d'efforts...

Photoshop

Photoshop est un outil extraordinaire pour préparer une couverture raffinée et professionnelle. Cet outil vous permet de manipuler des images à l'infini et est assez facile à utiliser. Il est disponible à partir d'un abonnement mensuel très raisonnable. Il existe de nombreuses vidéos sur YouTube qui expliquent comment utiliser Photoshop. L'utilisation du logiciel est également expliquée dans le programme disponible en français sur FormationMieuxEtre.com. Ce programme couvre toute la matière décrite dans le présent livre dont l'utilisation de Photoshop et couvre tous les aspects de l'édition de livres.

GIMP

Il existe également d'autres logiciels qui vous permettent de produire des couvertures de livres. L'un de ces logiciels est gratuit et se nomme GIMP. Vous pouvez trouver plus d'information sur ce logiciel sur la page suivante, mais je n'ai jamais personnellement utilisé ce service. Si vous le faites, je vous invite à laisser vos commentaire dans le forum que vous trouverez sur FormationMieuxEtre.com.

http://www.gimp.org

Documentation: http://www.gimp.org/docs/
Documentation en français: http://docs.gimp.org/2.8/fr/

Fiverr

Fiverr n'est pas un logiciel, mais c'est un site Web où vous pouvez trouver une multitude de services à 5 $. Bien sûr, à 5 $ les services sont relativement limités mais ils sont généralement de bonne qualité. La plupart des services sont offerts en anglais mais il est possible de convertir le site en français et, avec le temps, de plus en plus de services seront offerts en français. Vous pouvez certainement faire faire une illustration ou une image pour votre couverture de livre car un dessin ou une photo n'a pas de langue. Allez voir tout ce que vous pouvez obtenir pour 5 $! Fiverr.com

La couverture arrière: votre *pitch* de vente

La couverture arrière est un élément important lorsque votre livre est entre les mains d'un lecteur potentiel. C'est ce qui peut faire la différence entre vendre votre livre ou non.

La couverture arrière est votre *pitch* de vente! C'est votre dernière chance de convaincre le lecteur d'acheter votre livre. Dans les grandes maisons d'édition, il y a des personnes spécialisées pour écrire la description qui apparaît au dos du livre. C'est donc dire l'importance de ce que vous mettez sur la couverture arrière!

Le texte de la couverture arrière doit être préparé avec soin. Dans le cas d'un roman, on donne une description du livre mais sous forme d'aventure ou d'intrigue invitant le lecteur à plonger dans la lecture. Dans le cas d'un ouvrage qui n'est pas de la fiction, on décrit les éléments critiques et on énumère les bénéfices dont le lecteur profitera à la lecture du livre.

La couverture arrière peut comporter une courte biographie de l'auteur si celle-ci comporte des éléments vendeurs comme des entrevues à la télé ou autres.

Code UPC

La couverture arrière des livres imprimés doit également avoir son code UPC qui identifie le livre et son prix. Ce code UPC est apposé par CreateSpace au moment de l'impression et l'espace est prévu sur le gabarit de couverture que ce service fournit. Il faut donc prévoir cet espace libre sur l'image de la couverture arrière.

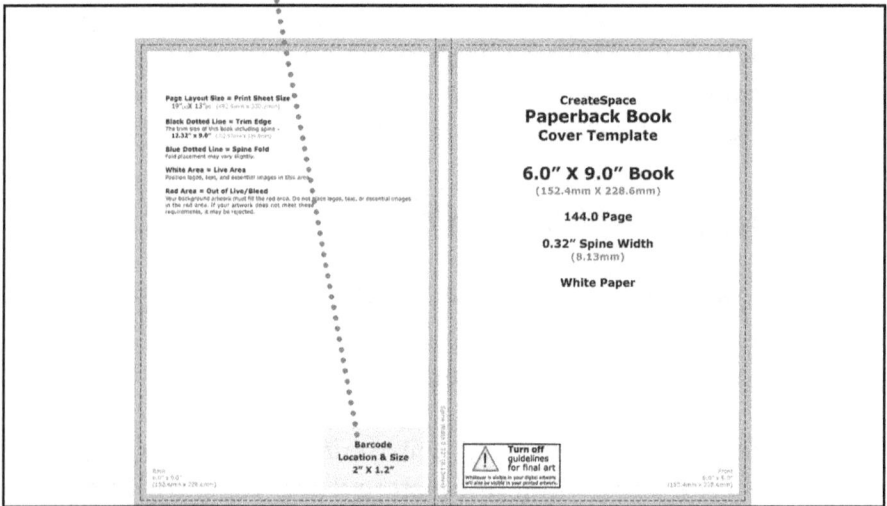

L'épine du livre

La largeur de l'épine correspond à l'épaisseur du livre. Une épine n'est pas complexe car elle ne contient pas beaucoup d'information. On y indique le titre du livre, le nom de l'auteur et le logo ou le nom de la maison d'éditions au besoin. Il peut également arriver qu'on continue un motif présent sur la couverture avant, par exemple une bande de couleur.

La dimension de l'épine est clairement indiquée sur le gabarit que vous avez téléchargé de CreateSpace après avoir indiqué le nombre de pages de votre livre. Avec ce gabarit, vous avez un modèle de couverture avec les dimensions exactes correspondant à ce qu'il vous faut pour votre livre, incluant la largeur de l'épine.

La dimension finale est représentée par la ligne pointillée, mais il faut que la dimensions de vos images de couvertures correspondent à l'extérieur de la ligne rose. Ne mettez rien d'important à l'intérieur de cette ligne car c'est une marge de coupe et vos éléments pourraient être coupés lors de la préparation finale de la couvertre.

Dans quel sens mettre le texte?

Le sens de la lecture varie selon la langue. En général, l'épine des livres en français se lit de bas en haut alors que celle des livres en anglais se lit de haut en bas, tel qu'illustré ci-dessous.

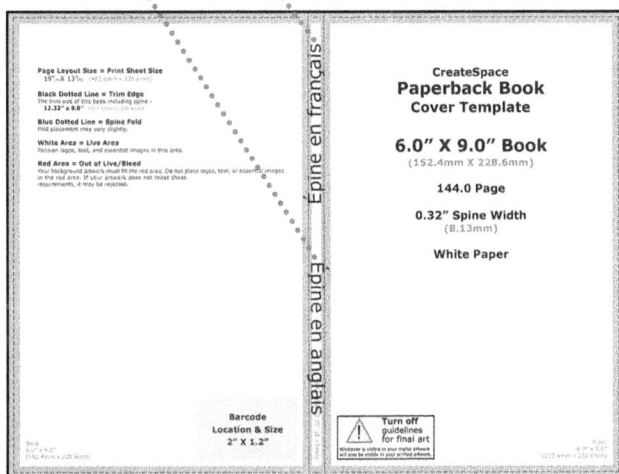

Les principes de publication et de distribution de votre livre

Vous n'avez plus besoin de dépenser des milliers de dollars pour faire imprimer quelques milliers d'exemplaires de votre livre. Il est maintenant simple et gratuit de le faire en utilisant les bons outils.

Vous pouvez publier un livre papier sans rien débourser!

Si vous faites vous-même la rédaction, la révision, la mise en page et la couverture, puis si vous faites la vérification de votre livre en ligne sans en faire imprimer un exemplaire, il ne vous coûtera absolument rien pour produire votre livre.

Il est cependant recommandé de faire imprimer une épreuve pour vous assurer de la qualité du produit final, surtout lorsque vous n'êtes pas encore familiarisé(e) avec le processus. Une épreuve de votre livre de 200 ou 300 pages vous coûtera moins de 5 $ à faire imprimer, ce qui est minime comme coût et c'est le seul frais que vous encourrez, sauf si vous commandez une nouvelle épreuve pour vérifier vos corrections.

CreateSpace

CreateSpace est une compagnie membre du groupe Amazon. Il est donc très avantageux de faire affaires avec cette compagnie car votre livre papier est immédiatement envoyé à Amazon et est inscrit aux catalogues des librairies peu de temps après avoir été publié. CreateSpace vous offre également un service de conversion pour le format Kindle à un coût très raisonnable, soit moins de 80 $.

Vous pouvez soit acheter votre propre code ISBN, soit en obtenir un gratuitement de CreateSpace. Pour publier votre livre avec CreateSpace, tout ce dont vous avez besoin est d'ouvrir un compte gratuit et de suivre les étapes. L'interface est en anglais, mais je vous montre les détails sur le site FormationMieuxEtre. com pour vous faciliter la tâche.

Notez que si vous prenez un code ISBN de CreateSpace, ce sera un code des États-Unis. Il y a différents codes pour différents pays. Faites une recherche sur Internet pour trouver qui s'occupe des codes pour votre pays. Les codes sont soit gratuits, soit vendus, selon les pays. Il peut arriver que votre pays exige que vous soyez incorporé comme éditeur pour vous accorder des codes. Mais vous pouvez en tout temps utiliser les codes gratuits de CreateSpace.

Qu'est-ce qu'un code ISBN?

ISBN est l'acronyme de *International Standard Book Number* ou *Numéro international normalisé du livre* (NINL) en français. C'est un identifiant unique pour votre livre afin de permettre à tous les intervenants comme les librairies, les bibliothèques, les imprimeurs, les éditeurs, etc. de le retrouver dans les catalogues. Tous les livres vendus doivent avoir leur numéro propre.

Les numéros ISBN/NINL avaient traditionnellement 10 chiffres mais depuis janvier 2007 le numéro comporte 13 chiffres pour être compatible avec l'Europe. Le numéro ISBN-EAN est composé du code ISBN à 10 chiffres plus 3 autres chiffres. Ce numéro est principalement utilisé aux États-Unis et c'est ce que CreateSpace vous attribuera si vous utilisez leur numéro ISBN. Ces numéros représentent différents identifiants et vous pouvez en voir le détail sur la page http://fr.wikipedia.org/wiki/ International Standard Book Number et http://en.wikipedia. org/wiki/International Standard Book Number.

Au Québec et au Canada francophone, Bibliothèque et Archives nationales du Québec (BAnQ) agit à titre de représentante officielle de l'AFNIL pour l'attribution des numéros ISBN et ils sont gratuits. Au Canada anglais, Bibliothèques et Archives Canada émet les numéros ISBN et ils sont gratuits.

En France, c'est l'Agence francophone pour la numérotation internationale du livre (AFNIL) qui gère les numéros ISBN.

En Suisse, la Schweizer Buchhändler- und Verleger-Verband (SBVV) gère les numéros ISBN pour la Suisse romande et la Suisse alémanique. Pour la Suisse italienne, c'est l'Agenzia ISBN per l'area di lingua italiana EDISER qui attribue les numéros ISBN.

Aux États-Unis, la compagnie privée R.R. Bowker émet les numéros ISBN. Le coût varie selon le nombre d'ISBN achetés et commence à 125 $ pour un numéro unique.

En Australie, les ISBN sont émis par l'agence de services commerciaux pour les librairies Thorpe-Bowker et sont vendus entre 42 $ pour un ISBN unique (plus un frais d'inscription de 55 $ pour les nouveaux éditeurs) et 2,890 $ pour un bloc de 1,000 ISBN.

En Inde, la Raja Rammohun Roy Library Foundation (RRRLF), qui fait partie du ministère de la Culture, s'occupe de l'enregistrement des éditeurs, auteurs, universités, institutions et services gouvernementaux indiens qui publient des livres.

Au Royaume-Uni et en Irlande, la société privée Nielsen Book Services, membre du consortium Nielsen Holdings N.V., est responsable de l'attribution des ISBN et il y a des frais. Les ISBN sont vendus en lots de 10 ou plus.

Au Pakistan, la Bibliothèque nationale du Pakistan s'occupe d'attribuer les ISBN aux éditeurs, auteurs, universités, institutions et services gouvernementaux pakistanais qui publient des livres.

Même les livres en version numérique doivent avoir leur propre ISBN distinct de celui du livre en papier. Ce numéro prend parfois un autre format. Lorsque vous publiez votre livre numérique sur Amazon KDP (*Kindle Digital Publishing*), votre livre reçoit automatiquement son ISBN distinct.

Même si vous êtes dans un pays autre que les États-Unis, vous pouvez quand même vous prévaloir du numéro gratuit offert par CreateSpace, ce qui peut représenter une belle valeur, selon le pays où vous vivez. Évaluez s'il est important pour vous que votre livre ait un numéro de votre pays ou non.

Numéro EIN

Lorsque vous publiez avec le service de CreateSpace et distribuez avec Amazon et Apple pour les iBooks, vous transigez avec des compagnies américaines. C'est pourquoi vous devez obtenir un numéro EIN auprès de l'IRS pour vous permettre d'éviter les retenues américaines à la source de 30% sur vos paiements de droits d'auteurs. Ce qui voudrait dire que l'impôt sur les paiements de droits d'auteur serait payé à un taux de 30% aux États-Unis, puis vous devriez payer l'impôt de nouveau dans votre pays. Le numéro EIN vous permet de ne payer l'impôt que dans votre pays, ce qui est beaucoup plus équitable.

Plusieurs pays ont des traités avec les États-Unis pour éviter la double taxation. C'est le cas pour le Canada et quelques autres pays. Sinon, vous serez soumis à une retenue à la source de 30% sur vos paiements de droits d'auteur. Vous trouverez la liste des pays qui font partie du traité lors de l'entrée de vos informations de paiement dans votre compte CreateSpace.

Obtenir un numéro EIN est simple et vous pouvez facilement l'obtenir en téléphonant à l'IRS. Cet appel se fera bien sûr en anglais, donc assurez-vous de pouvoir communiquer. Je vous donne tous les détails dans le prochain chapitre.

Kindle Digital Publishing

Le service KDP d'Amazon est offert gratuitement et vous offre la possibilité de publier en format Kindle. Vous avez simplement besoin d'un compte KDP pour ajouter votre livre en format numérique. Vous déterminez le prix et Amazon l'ajuste, comme pour tous les livres. C'est le seul inconvénient au niveau d'Amazon: le prix que vous désirez demeure une suggestion pour eux. Le format Kindle traditionnel est très simple et consiste en une page HTML très longue, de la longueur de votre livre. Il est possible d'y ajouter des images. Je mets ces images aux endroits appropriés et centrées dans la page, entre deux paragraphes. On ne peut pas faire de mise en page sophistiquée. Le Kindle régulier offre des images en noir et blanc seulement et le Kindle Fire (KF8) peut afficher des images en couleurs.

CreateSpace offre un service de conversion pour le Kindle, pour un peu moins de 80 $. Il existe de nombreuses autres ressources pour ce genre de conversion que vous trouverez à la page https://kdp.amazon.com/help?topicId=A3RRQXI478DDG7.

L'image de la couverture pour Kindle doit avoir une dimension d'au moins 625 pixels par 1000 pixels. Pour une qualité optimale, un format de 2820 pixels par 4500 pixels est suggéré. Pour les images de l'intérieur du livre, utilisez un format maximum de 625 pixels par 1000 pixels, ou plus petit. Pour plus de détails à propos de la publication avec KDP : https://kdp. amazon.com/help?topicId=A3R2IZDC42DJW6.

Apple et iBook

Pour publier votre livre numérique en format ePub pour la librairie en ligne iBook de Apple, vous pouvez soit transférer vos textes dans le logiciel gratuit fourni par Apple et qui s'appelle *iBook Author*, soit exporter votre livre à partir de inDesign, dont la dernière version fait un travail impeccable.

Pour distribuer votre livre chez Apple, vous devez obtenir un identifiant Apple (c'est-à-dire un nom d'utilisateur que vous utilisez pour effectuer des achats dans le *iTunes Store*, ouvrir une session iCloud, etc.). Puis, vous devez vous inscrire (gratuitement) à un compte de livres gratuits ou à un compte de livres payants, selon que vous allez offrir vos livres gratuitement ou les vendre. Vous pouvez quand même offrir certains livres gratuitement avec un compte pour livres payants.

Ensuite, téléchargez *iTunes Producer*, l'application utilisée pour proposer votre livre dans le *iBooks Store*. Vous avez l'occasion de télécharger *iTunes Producer* gratuitement au cours du processus de publication.

Puis vous créez un extrait de votre livre, ce qui est une exigence pour les comptes de livres payants. Les utilisateurs consulteront cet extrait avant de décider d'acheter le livre. Au cours du processus de publication, *iBooks Author* peut créer un extrait d'après un chapitre du livre. Vous pouvez également créer un extrait manuellement.

Une fois votre livre iBook créé, vérifiez que le fichier ne dépasse pas 2 Go car c'est la taille de fichier limite pour le *iBooks Store*. Faites également attention au point suivant : les lecteurs utilisant une connexion 3G avec les appareils mobiles ne peuvent pas télécharger des livres de plus de 20 Mo. Rappelez-vous que plus le livre est volumineux, plus le temps de téléchargement du livre est long et plus l'espace utilisé sur le iPad est important.

Les livres soumis au *iBooks Store* à l'aide d'un Compte de livres payant peuvent être protégés par le système de gestion des droits numériques (*Digital Rights Management* - DRM) *FairPlay* exclusif à Apple, ce qui aide à éviter la duplication non autorisée de votre livre.

Vous trouverez tous les détails concernant la publication et la distribution des iBooks à la page http://support.apple.com/kb/PH2808?viewlocale=fr_FR.

Smashwords

Smashwords est un autre service qui publie vos livres numériques (et non le format papier) sur les sites de Apple, Barnes & Noble, Kobo, OverDrive, Flipkart, Oyster, Scribd, Baker & Taylor's Blio et Axis360 et autres. Il est cependant offert uniquement en anglais pour l'instant. https://www.smashwords.com.

Autres services

Il existe plusieurs autres services de publication mais ils sont très variés, souvent coûteux et offerts en anglais. Puisque notre objectif est de publier gratuitement nous ne les discuterons pas ici.

Étapes de publication d'un livre

Lorque les étapes de rédaction, de vérification des textes, de corrections, de mise en page et de préparation de la couverture sont complétées, vous êtes prêt(e) à publier.

Étapes de publication d'un livre papier

Préparation des fichiers

Une fois la mise en page terminée, on exporte le fichier du texte de votre livre en format PDF de la meilleure qualité possible. C'est ce qu'on appelle l'intérieur du livre. Ce fichier doit correspondre aux dimensions finales choisies pour votre livre. Par exemple, si on veut publier un livre de 6 pouces par 9 pouces, on doit avoir fait la mise en page avec ces dimensions.

L'image de la couverture de votre livre, soit la couverture avant, arrière et l'épine assemblées en une seule image correspondant au gabarit, doit également être exportée au format PDF de la meilleure qualité possible.

Vous devez nommer vos fichiers avec le numéro ISBN de votre livre, tel que demandé par CreateSpace. Ce que je fais habituellement est que je nomme mon fichier (numéroISBN) Interior.pdf et (numéroISBN)Cover.pdf, par exemple 9999999999Interior.pdf. C'est une exigence de CreateSpace car ils reçoivent des milliers de fichiers et doivent pouvoir les identifier facilement.

Obtention du numéro EIN

C'est une bonne idée d'obtenir votre numéro EIN à ce stade-ci, si vous ne l'avez pas déjà, afin de ne pas retarder votre processus de publication. Pour obtenir un numéro EIN, vous avez simplement besoin de téléphoner, car les demandes internationales doivent être faites par téléphone au numéro 267-941-1099, entre 6 heures et 23 heures, heure de l'Est.

Le gouvernement américain a préparé un formulaire (*Form SS-4*) avec les information dont l'agent de l'IRS aura besoin pour vous inscrire, tel qu'illustré à la page suivante. Vous n'avez pas besoin d'envoyer le formulaire à l'IRS car celui-ci sert simplement à vous assurer d'avoir tous les renseignements en main lors de l'appel téléphonique. Lorsque l'agent vous demandera pourquoi vous avez besoin de ce numéro, dites simplement que vous êtes un auteur et que Amazon exige ce numéro pour publier votre livre.

Vous devrez également remplir un formulaire W8-BEN. Ce formulaire est normalement rempli en ligne avec une page Web qui vous est présentée automatiquement lors de l'inscription de vos renseignements relatifs aux paiements de droits d'auteur chez CreateSpace et Amazon et vous devrez y entrer votre numéro EIN.

À titre d'auteur, vous n'avez pas besoin d'indiquer un nom de compagnie et vous pouvez faire cette demande à titre personnel avec votre propre nom. N'utilisez pas le pseudonyme de votre livre mais bien votre nom légal. Voici les champs à remplir pour fournir l'information à l'IRS: votre nom (champ 1), votre adresse complète (champs 4a, 4b, 5a, 5b et 6), le nom de la personne responsable si ce n'est pas vous (champ 7a) et une déclaration que vous n'êtes pas une compagnie limitée (8a). Indiquez également la raison de la demande (champ 10), soit que c'est une exigence de la compagnie Amazon pour publier vos livres.

Vous pouvez trouver le formulaire SS-4 à l'adresse suivante: http://www.irs.gov/pub/irs-pdf/fss4.pdf. Vous trouverez les informations générales sur l'obtention du numéro EIN et pour vérifier s'il y a eu des changements à l'adresse suivante: http://www.irs.gov/Businesses/Small-Businesses-&-Self-Employed/How-to-Apply-for-an-EIN

N'essayez pas d'obtenir un numéro ITIN car ils ne sont pas accordés aux auteurs, j'en ai personnellement fait l'expérience.

Formulaire SS-4

OMB No. 1545-0003

Form SS-4
(Rev. January 2010)
Department of the Treasury
Internal Revenue Service

Application for Employer Identification Number

(For use by employers, corporations, partnerships, trusts, estates, churches, government agencies, Indian tribal entities, certain individuals, and others.)

► See separate instructions for each line. ► Keep a copy for your records.

EIN

Type or print clearly.

1	Legal name of entity (or individual) for whom the EIN is being requested

2	Trade name of business (if different from name on line 1)	3	Executor, administrator, trustee, "care of" name

4a	Mailing address (room, apt., suite no. and street, or P.O. box)	5a	Street address (if different) (Do not enter a P.O. box.)
4b	City, state, and ZIP code (if foreign, see instructions)	5b	City, state, and ZIP code (if foreign, see instructions)

6	County and state where principal business is located

7a	Name of responsible party	7b	SSN, ITIN, or EIN

8a Is this application for a limited liability company (LLC) (or a foreign equivalent)? ☐ Yes ☑ No

8b If 8a is "Yes," enter the number of LLC members . . . . ►

8c If 8a is "Yes," was the LLC organized in the United States? . . . . ☐ Yes ☐ No

9a **Type of entity** (check only one box). **Caution.** If 8a is "Yes," see the instructions for the correct box to check.

☐ Sole proprietor (SSN) _____
☐ Partnership
☐ Corporation (enter form number to be filed) ►_____
☐ Personal service corporation
☐ Church or church-controlled organization
☐ Other nonprofit organization (specify) ►_____
☐ Other (specify) ►

☐ Estate (SSN of decedent) _____
☐ Plan administrator (TIN) _____
☐ Trust (TIN of grantor) _____
☐ National Guard ☐ State/local government
☐ Farmers' cooperative ☐ Federal government/military
☐ REMIC ☐ Indian tribal governments/enterprises
Group Exemption Number (GEN) if any ►

9b If a corporation, name the state or foreign country (if applicable) where incorporated

State	Foreign country

10 **Reason for applying** (check only one box)

☐ Started new business (specify type) ► _____
☐ Hired employees (Check the box and see line 13.)
☐ Compliance with IRS withholding regulations
☐ Other (specify) ►

☐ Banking purpose (specify purpose) ► _____
☐ Changed type of organization (specify new type) ► _____
☐ Purchased going business
☐ Created a trust (specify type) ► _____
☐ Created a pension plan (specify type) ► _____

11 Date business started or acquired (month, day, year). See instructions.

12 Closing month of accounting year

13 Highest number of employees expected in the next 12 months (enter -0- if none).

If no employees expected, skip line 14.

Agricultural	Household	Other

14 If you expect your employment tax liability to be $1,000 or less in a full calendar year **and** want to file Form 944 annually instead of Forms 941 quarterly, check here. (Your employment tax liability generally will be $1,000 or less if you expect to pay $4,000 or less in total wages.) If you do not check this box, you must file Form 941 for every quarter. ☐

15 First date wages or annuities were paid (month, day, year). **Note.** If applicant is a withholding agent, enter date income will first be paid to nonresident alien (month, day, year) . . . . ►

16 Check **one** box that best describes the principal activity of your business.

☐ Construction ☐ Rental & leasing ☐ Transportation & warehousing ☐ Accommodation & food service ☐ Wholesale-other ☐ Retail
☐ Real estate ☐ Manufacturing ☐ Finance & insurance ☐ Other (specify)
☐ Health care & social assistance ☐ Wholesale-agent/broker

17 Indicate principal line of merchandise sold, specific construction work done, products produced, or services provided.

18 Has the applicant entity shown on line 1 ever applied for and received an EIN? ☐ Yes ☐ No
If "Yes," write previous EIN here ►

Third Party Designee	Complete this section **only** if you want to authorize the named individual to receive the entity's EIN and answer questions about the completion of this form.	
	Designee's name	Designee's telephone number (include area code) ( )
	Address and ZIP code	Designee's fax number (include area code) ( )

Under penalties of perjury, I declare that I have examined this application, and to the best of my knowledge and belief, it is true, correct, and complete.

Name and title (type or print clearly) ►

Applicant's telephone number (include area code) ( )

Applicant's fax number (include area code) ( )

Signature ►   Date ►

For Privacy Act and Paperwork Reduction Act Notice, see separate instructions.   Cat. No. 16055N   Form **SS-4** (Rev. 1-2010)

Création de votre compte chez CreateSpace et inscription des renseignements pour les paiements des droits d'auteurs

Si vous n'avez pas encore créé votre compte chez CreateSpace, c'est le moment de le faire. Ouvrez le lien www. createspace.com et cliquez sur le bouton 'Sign up now'.

La page de création de compte s'affiche. Entrez les informations, soit votre adresse de courriel, le mot de passe que vous désirez, votre nom et prénom et votre pays. Vous sélectionnez ensuite le type de média que vous désirez publier, c'est-à-dire un livre (book) et cliquez sur le bouton 'Create My Account'.

Prenez note de votre mot de passe et de l'adresse de courriel que vous utilisez, car c'est ce qui vous permettra d'avoir accès à votre compte CreateSpace par la suite.

On vous demande ensuite d'accepter les conditions d'utilisation du service.

Puis on vous avise que vous devrez confirmer votre inscription en répondant au courriel envoyé.

Vous recevrez donc une demande de confirmation par courriel à laquelle vous devrez répondre en cliquant sur le lien indiqué dans le courriel.

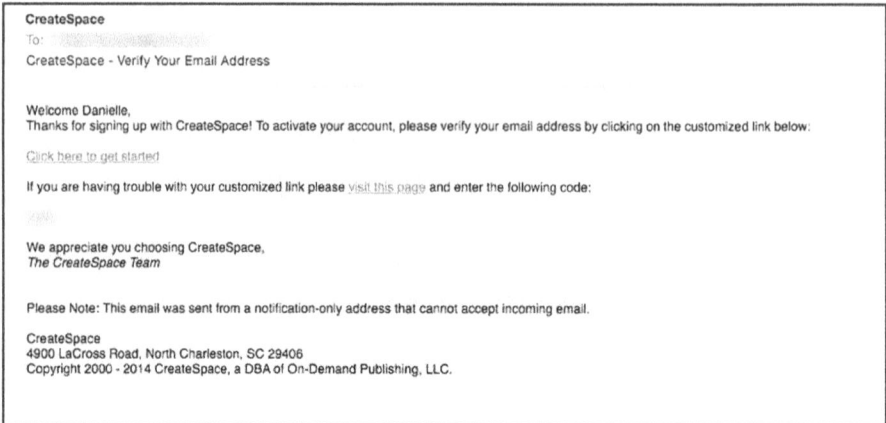

CreateSpace
To:
CreateSpace - Verify Your Email Address

Welcome Danielle,
Thanks for signing up with CreateSpace! To activate your account, please verify your email address by clicking on the customized link below:

Click here to get started

If you are having trouble with your customized link please visit this page and enter the following code:

We appreciate you choosing CreateSpace,
The CreateSpace Team

Please Note: This email was sent from a notification-only address that cannot accept incoming email.

CreateSpace
4900 LaCross Road, North Charleston, SC 29406
Copyright 2000 - 2014 CreateSpace, a DBA of On-Demand Publishing, LLC.

Lorsque vous cliquez sur ce lien, vous êtes redirigé(e) vers la page Web de CreateSpace. Vous avez alors le choix de procéder par vous-même ou de faire appel à des services professionnels. Ces services comportent des frais. Si votre livre est prêt à publier, cliquez sur le bouton '*Set Up Your Book Now*'.

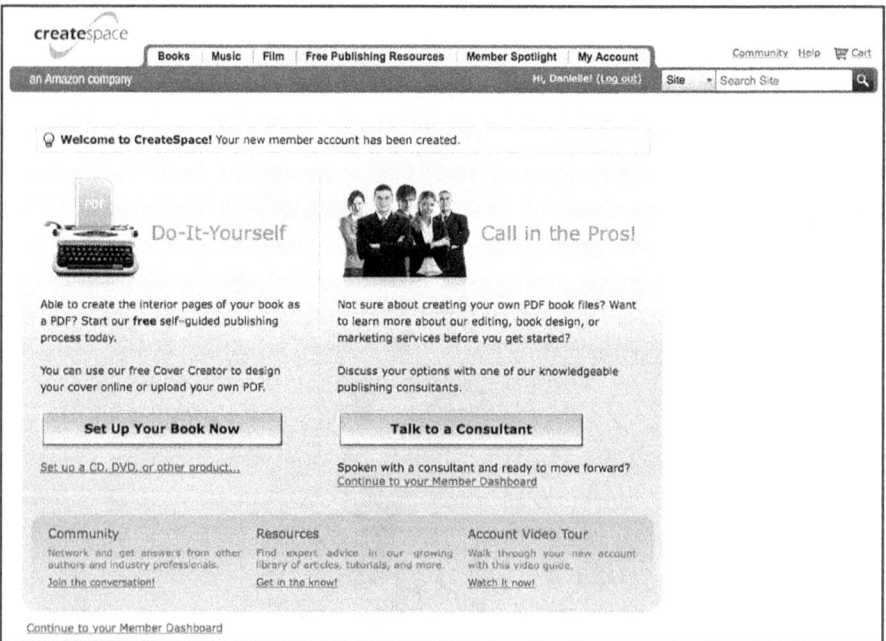

Vous n'avez qu'à suivre les étapes pour finir de créer votre compte.

Indiquez le titre de votre livre, qui peut être changé tant que vous n'avez pas soumis votre ouvrage pour la publication.

Indiquez que c'est un livre, puis indiquez si vous voulez être guidé(e) par le système au cours des étapes de publication ou si vous voulez procéder vous-même avec le mode expert. Le mode guidé vous présente les étapes l'une à la suite de l'autre...

...alors que le mode expert vous amène à votre tableau de bord où vous pouvez choisir l'étape désirée, par exemple ajouter un nouveau titre.

Si vos renseignements relatifs aux paiements de droits d'auteur sont incomplets, un message vous l'indiquera à plusieurs endroits.

Lorsque vous cliquez sur le lien pour soumettre vos informations de paiement pour les droits d'auteur, le système vous conduit à la page vous permettant d'entrer ces renseignements pour vous permettre de choisir le type de paiement que vous désirez.

Les choix sont par dépôt direct ou par chèque. Pour recevoir des dépôts directs, vous devez avoir un compte bancaire américain, sinon le paiement sera fait par chèque. Les dépôts directs sont faits tous les mois sans frais, peu importe le montant, alors que les chèques sont émis uniquement lorsque le montant des paiements de droits d'auteur dépasse un certain seuil et il peut y avoir des frais, tel qu'indiqué dans les choix.

Payment Information

Payment Type *

○ Direct Deposit
Your payment will be deposited in the currency of the country in which your bank is located. We currently support direct deposit in the following countries: U.S., U.K., Germany, France, Spain, Portugal, Belgium, and the Netherlands.

○ Check
You'll get separate checks for earnings in each currency. To receive payment, you must reach the minimum threshold of $100 / £100 / €100. In the U.S., U.K., Germany, France, Spain, Portugal, Belgium, or the Netherlands, we'll apply a handling fee of $8 / £8 / €8. Payments will not be issued to members in those countries until total earnings equal $108 / £108 / €108.

Il est facile d'ouvrir un compte bancaire américain si vous êtes en visite aux États-Unis car vous n'avez pas besoin de résider aux États-Unis pour y ouvrir un compte bancaire. Suite à cette étape, vous devrez entrer votre numéro EIN et vos informations pour l'IRS, peu importe la méthode de paiement, en cliquant sur le lien tel que montré ci-dessous. Vous devez également entrer vos informations relatives à la VAT le cas échéant.

Tax & Business Information

⚠ Incomplete
U.S. tax regulations require CreateSpace to request information about your tax status under U.S. law. To continue publishing with CreateSpace, please submit complete identification and tax information.

Submit Tax Information   Tax Interview Help Guide

European Union (EU) Tax Information
LUX VAT Registration Number
What's this?

Return to Account Settings   Save

Une fois vos informations entrées, vous pouvez commencer à publier.

Vous aurez alors accès à des rapports de ventes détaillés pour suivre les progrès de votre livre sur les marchés internationaux et serez avisé(e) par courriel régulièrement de vos ventes et des montants qui seront déposés ou payés par chèque.

createspace

an Amazon company

Books | Music | Film | Free Publishing Resources | Member Spotlight | My Account

Community Help Cart

Hi, Danielle! (Log out) Site ▾ Search Site

My Account
Member Dashboard
Add New Title
Amazon Breakthrough Novel Award
Get Feedback
Manage Previews
Community

My Account
Message Center
View Reports
View Purchases
Edit Account Settings

Contact Support ▸

Reports

⚠ WARNING: We are unable to pay earned royalties without complete payment information.
➜ Please complete it now.

Royalty Summary | Royalty By Title | Royalty By Channel | Royalty By Product | Royalty Details | Payment History

Royalty Summary

		Units	Royalty Amount
⊞	**Total USD Unpaid Royalties**	0 units	$0.00
⊞	**Total GBP Unpaid Royalties**	0 units	£0.00
⊞	**Total EUR Unpaid Royalties**	0 units	€0.00

When will I get paid?

Detailed Reports

Royalty By Title
Use this report to see individual title royalties for a selected date range.

Royalty By Channel
Use this report to see individual title royalties, by sales channel, for a selected date range.

Royalty By Product
Use this report to get a quick snapshot of your royalties, by product type, for a selected date range.

Royalty Details
Use this report for more specific royalty information, including individual royalties by date, title, and sales channel.

Payment History
See your past royalty payments.

Help

Reporting Overview
Get information on how to use royalty reports.

Earning Royalties
Watch a short video to learn about earning royalties.

Report Settings

E-mail Report Settings
Manage the frequency of your e-mail reports.

Royalty Payment Profile
Manage your royalty payment information and method.

Inscription du titre chez CreateSpace et téléchargement des fichiers

Pour ajouter un nouveau livre, cliquez simplement sur le bouton '*Add Title*' (Ajoutez un titre) dans votre tableau de bord.

Ce tableau de bord apparaît automatiquement chaque fois que vous ouvrez une session chez CreateSpace avec votre adresse de courriel et votre mot de passe. Vous avez accès à différents onglets pour les étapes de publication et ceux-ci vous sont présentés dans l'ordre logique selon lequel l'information doit être ajoutée.

Entrez les informations relatives à votre livre dans la page qui s'affiche (illustration page suivante).

Le premier champ est pour le titre, le deuxième champ est pour le sous-titre et le troisième champ est pour le nom de l'auteur. S'il y a plus d'une personne qui contribue au livre, vous pouvez les ajouter en choisissant leur rôle dans la liste déroulante sous le nom de l'auteur puis cliquez sur '*Add*'. Vous pourrez alors entrer leurs noms.

Si votre livre fait partie d'une série, cochez la case '*This book is part of a series*' et entrez le titre de la série et le numéro du présent volume. Sinon ignorez cette section.

Entrez la langue du livre et laissez le champ de date de publication vide. La date de publication sera créée automatiquement lors de la publication du livre si ce champ est laissé vide au moment de l'inscription du titre.

Cliquez sur '*Save & Continue*'.

L'étape suivante est le numéro ISBN. Si vous désirez utiliser un numéro ISBN attribué par CreateSpace, indiquez-le au premier choix (illustration page suivante).

Si vous avez obtenu votre propre numéro ISBN, cliquez sur le deuxième choix et entrez l'information, soit le numéro d'ISBN et votre nom. Vous pouvez obtenir un numéro d'ISBN sous votre propre nom ou sous celui d'un éditeur. Voyez les règlements qui gouvernent les numéros d'ISBN de votre pays pour plus de détails à ce sujet.

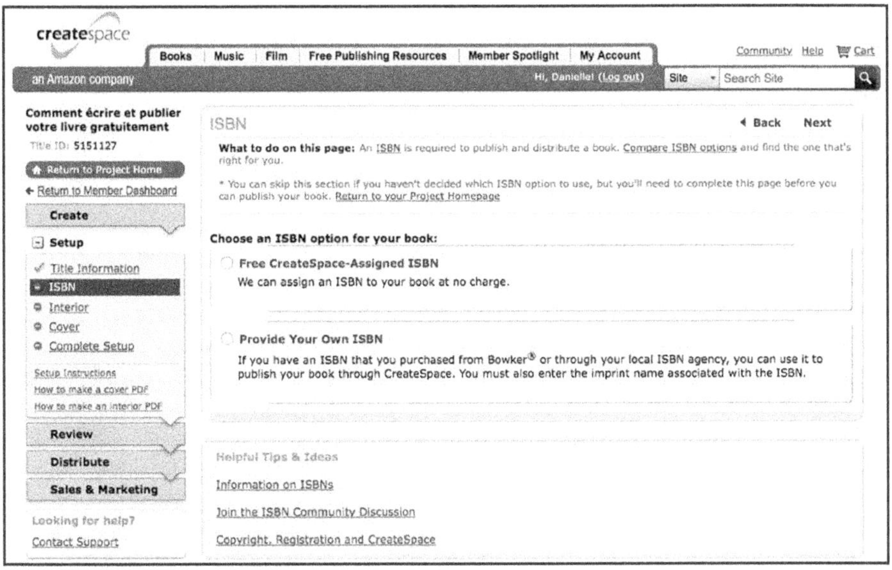
createspace
an Amazon company
Books
Music
Film
Free Publishing Resources
Member Spotlight
My Account
Community
Help
Cart
Hi, Danielle! (Log out)
Site
Search Site
Comment écrire et publier votre livre gratuitement
Title ID: 5151127
Return to Project Home
Return to Member Dashboard
Create
Setup
Title Information
ISBN
Interior
Cover
Complete Setup
Setup Instructions
How to make a cover PDF
How to make an interior PDF
Review
Distribute
Sales & Marketing
Looking for help?
Contact Support
ISBN
Back
Next
What to do on this page: An ISBN is required to publish and distribute a book. Compare ISBN options and find the one that's right for you.
* You can skip this section if you haven't decided which ISBN option to use, but you'll need to complete this page before you can publish your book. Return to your Project Homepage
Choose an ISBN option for your book:
Free CreateSpace-Assigned ISBN
We can assign an ISBN to your book at no charge.
Provide Your Own ISBN
If you have an ISBN that you purchased from Bowker® or through your local ISBN agency, you can use it to publish your book through CreateSpace. You must also enter the imprint name associated with the ISBN.
Helpful Tips & Ideas
Information on ISBNs
Join the ISBN Community Discussion
Copyright, Registration and CreateSpace

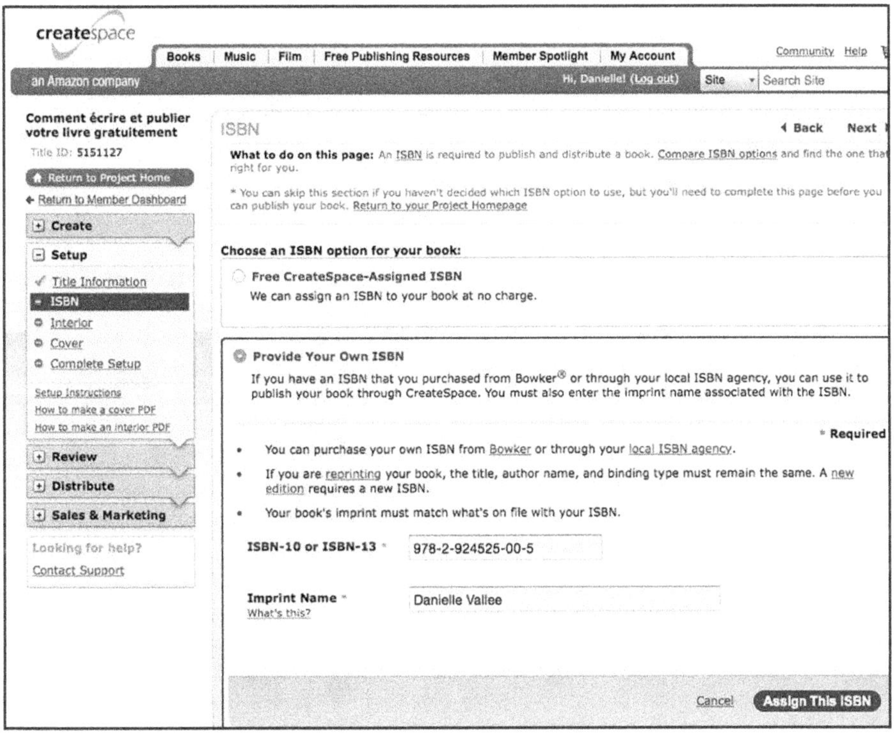
createspace
an Amazon company
Books
Music
Film
Free Publishing Resources
Member Spotlight
My Account
Community
Help
Hi, Danielle! (Log out)
Site
Search Site
Comment écrire et publier votre livre gratuitement
Title ID: 5151127
Return to Project Home
Return to Member Dashboard
Create
Setup
Title Information
ISBN
Interior
Cover
Complete Setup
Setup Instructions
How to make a cover PDF
How to make an interior PDF
Review
Distribute
Sales & Marketing
Looking for help?
Contact Support
ISBN
Back
Next
What to do on this page: An ISBN is required to publish and distribute a book. Compare ISBN options and find the one tha
right for you.
* You can skip this section if you haven't decided which ISBN option to use, but you'll need to complete this page before you can publish your book. Return to your Project Homepage
Choose an ISBN option for your book:
Free CreateSpace-Assigned ISBN
We can assign an ISBN to your book at no charge.
Provide Your Own ISBN
If you have an ISBN that you purchased from Bowker® or through your local ISBN agency, you can use it to publish your book through CreateSpace. You must also enter the imprint name associated with the ISBN.
* Required
You can purchase your own ISBN from Bowker or through your local ISBN agency.
If you are reprinting your book, the title, author name, and binding type must remain the same. A new edition requires a new ISBN.
Your book's imprint must match what's on file with your ISBN.
ISBN-10 or ISBN-13 *
978-2-924525-00-5
Imprint Name *
What's this?
Danielle Vallee
Cancel
Assign This ISBN

Choisissez ensuite le format de votre livre, l'impression noir et blanc ou couleurs ainsi que la couleur du papier, soit blanc ou crème.

Pour modifier le format, cliquez sur le bouton '*Choose a Different Size*'.

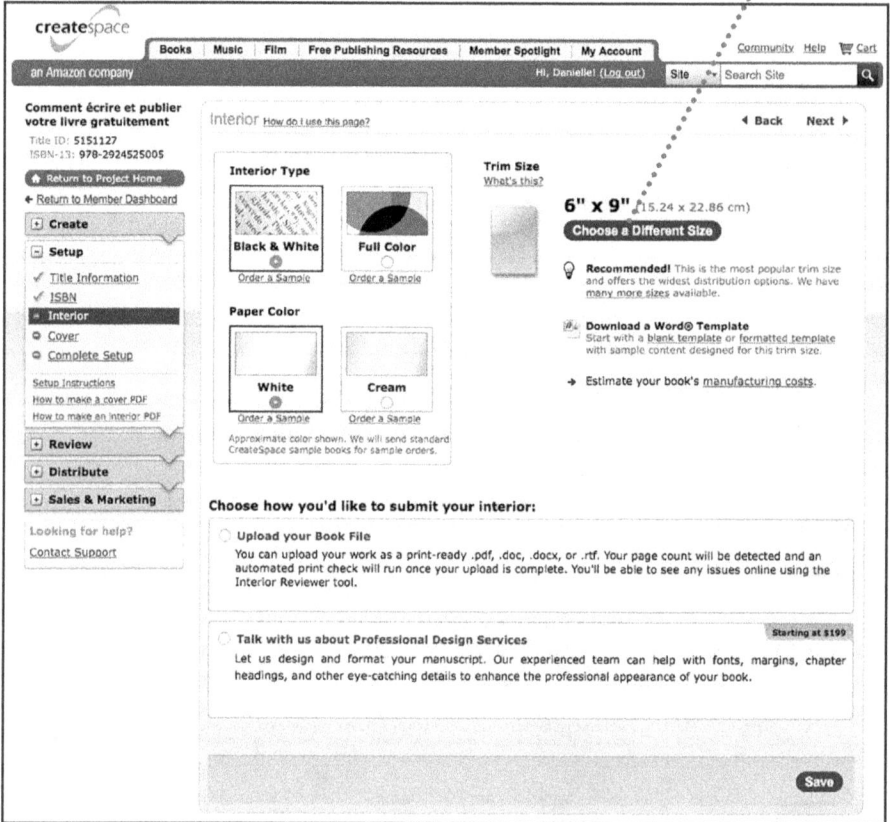

On vous présente alors les différents formats disponibles.

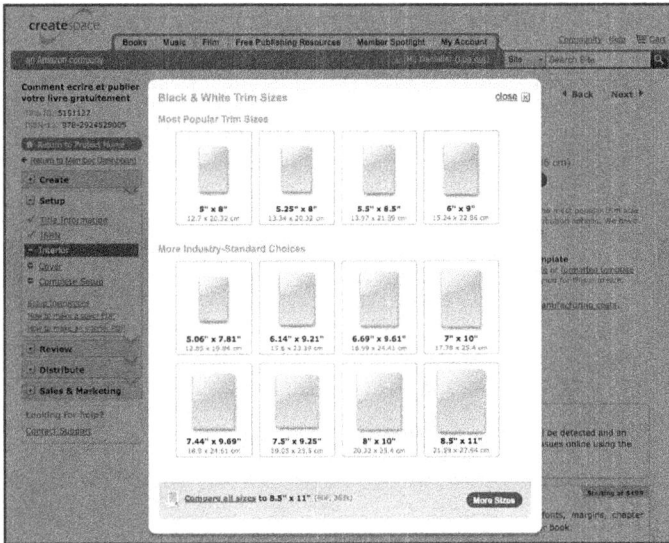

L'étape suivante est le téléchargement du fichier de l'intérieur de votre livre. C'est le fichier que vous avez exporté en format PDF à partir de Scrivener ou inDesign. Vous avez également la possibilité de faire appel aux services de CreateSpace moyennant des frais. Tout est gratuit si vous préparez vos fichiers vous-même.

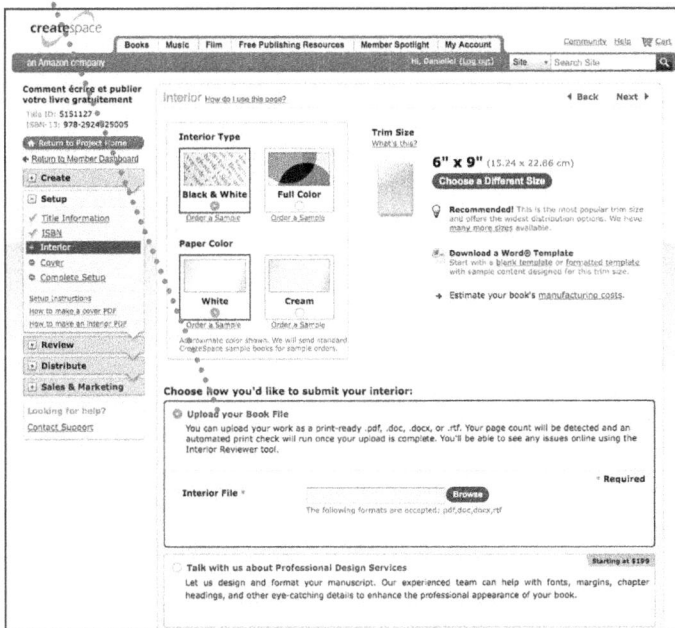

Puis, vient la section relative à la couverture de votre livre.

Choisissez le type de couverture, soit lustré ou mat. C'est ici que vous téléchargerez le fichier que vous avez préparé pour la couverture de votre livre. Cette page vous permet également de faire appel à des services professionnels de préparation de couverture ou pour utiliser le service en ligne gratuit de préparation de couverture.

Le service en ligne gratuit peut vous sauver du temps pour préparer une couverture à l'apparence professionnelle. Il faut cependant réaliser que ces gabarits peuvent être utilisés par d'autres auteurs, donc d'autres livres pourraient avoir une couverture semblable. Voici un exemple du type de couverture que vous pouvez produire avec cette option (voir page suivante).

createspace
an Amazon company

Books | Music | Film | Free Publishing Resources | Member Spotlight | My Account

Community   Help   Cart

Hi, Danielle! (Log out)   Site ▾   Search Site

Comment écrire et publier votre livre gratuitement

Title ID: **5151127**
ISBN-13: **978-2924525005**

🏠 Return to Project Home
← Return to Member Dashboard

- Create
- Setup
  - ✓ Title Information
  - ✓ ISBN
  - ⊘ Interior
  - ▸ Cover
  - ⊘ Complete Setup

  Setup Instructions
  How to make a cover PDF
  How to make an Interior PDF
- Review
- Distribute
- Sales & Marketing

Looking for help?
Contact Support

Cover   ◀ Back   Next ▶

What to do on this page: Select your cover finish and choose how to submit your cover file. Select from Cover Creator (our free design tool), a professionally designed cover, or upload your own print-ready PDF file.

*We will superimpose a barcode on your cover at no additional charge

1. Select a finish for your book cover:

○ Matte   ◉ Glossy

Order a Sample   Order a Sample

Note: We'll send standard CreateSpace sample books for sample orders.

2. Choose how to submit the cover of your book:

◉ **Build Your Cover Online**
Cover Creator is our free online tool for designing a professional-quality book cover using your own photos, logos, and text. This handy tool automatically formats and sizes your cover based on your book's trim size and page count.

Cancel   **Launch Cover Creator**

---

createspace
an Amazon company

Books | Music | Film | Free Publishing Resources | Member Spotlight | My Account

Community   Help   Cart

Hi, Danielle! (Log out)   Site ▾   Search Site

Tasks   100%   200%   Hide Frames   Show Rulers

Choose a design

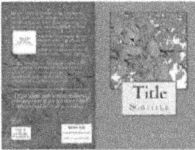

The Mulberry 6 x 9 Spineless   The Oak 6 x 9 Spineless   The Pagoda 6 x 9 Spineless

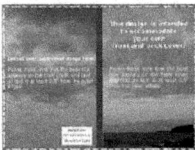

The Palm 6 x 9 Spineless   The Pine 6 x 9 Spineless   The Poplar 6 x 9 Spineless

◀ Previous Page   Page 4 of 5   Next Page ▶

Return to Cover Step   Submit Cover

Le degré d'achèvement des étapes est visible et chaque étape est accessible en tout temps à partir de votre tableau de bord. Vous pouvez donc faire une pause et y revenir à votre gré.

Vous n'avez pas besoin de télécharger vos fichiers PDF immédiatement pour choisr le format et le type de papier. Vous pouvez inscrire votre titre et télécharger les fichiers plus tard. Même si vous avez téléchargé vos fichiers PDF, vous pouvez les remplacer avant et même après la publication. Certains critères déterminent le besoin d'utiliser un nouvel ISBN ou non. Ceci est expliqué plus en détail dans le cours '*Comment écrire et publier votre livre gratuitement*' sur FormationMieuxEtre.com.

createspace
an Amazon company

Books | Music | Film | Free Publishing Resources | Member Spotlight | My Account

Community Help Cart

Hi, Danielle! (Log out)   Site ▼ Search Site

How to Start Your Own
Business as a Teenager
Title ID: 4737708
ISBN-13: 978-1497491554

🏠 Return to Project Home
← Return to Member Dashboard
⊞ Create
⊞ Setup
⊞ Review
⊟ Distribute
✓ Channels
✓ Pricing
✓ Cover Finish
✓ Description
⏱ Publish on Kindle
Distribute Instructions
⊞ Sales & Marketing
Looking for help?
Contact Support

Description How do I use this page?

◀ Back   Next ▶

How to Start Your Own Business as a Teenager
By Danielle Vallee

Description *
What's this?

Most new entrepreneurs make the same mistakes.
Some can be costly and even cost them their
business.

Starting a business is easy. However, avoiding these
costly mistakes is next to impossible without the

Maximum 4000 characters - 1039 characters remaining
Advanced users can use limited HTML instead of plain text to style and
format their description

BISAC Category *
What's this?
→ Enter a BISAC code

Juvenile Nonfiction / Business &
Economics   Choose...

Reading Level *
What's this?

Eighth Grade

Additional Information (optional)
Add more information about your book, including an author biography, book language, and more, which will appear in
certain sales channels.

Author Biography
What's this?   Add

Book Language
What's this?   English

Country of Publication
What's this?   United States

Search Keywords
What's this?   how to start a business, teenager, luck, entrepreneur

Contains Adult Content
What's this?

Large Print
What's this?

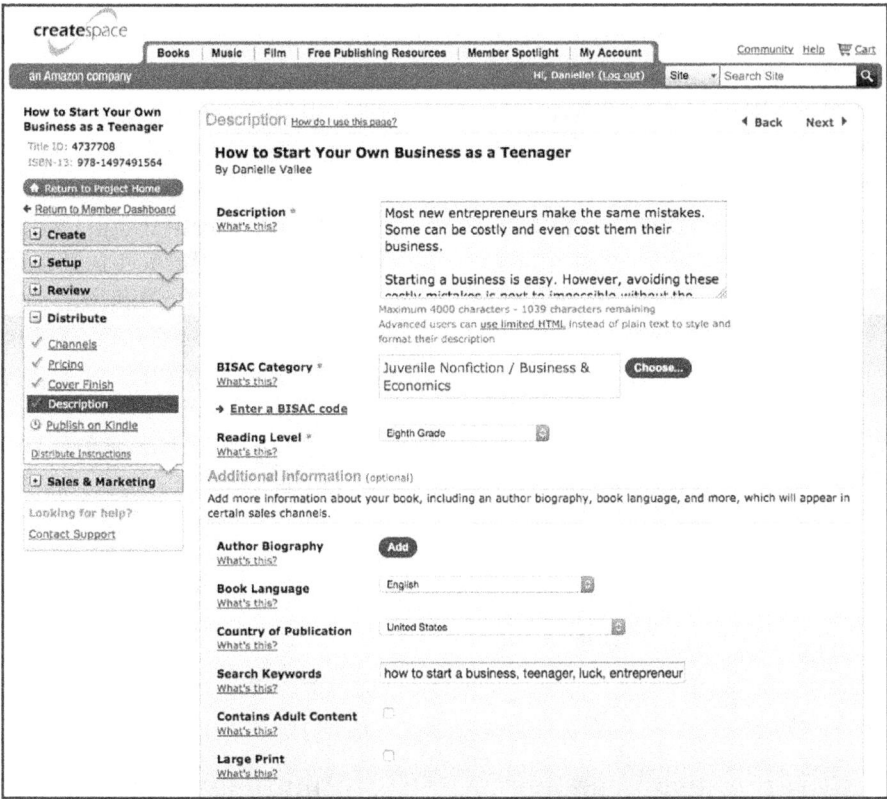

La description que vous entrez dans la page suivante sera celle qui apparaîtra pour votre livre chez Amazon. Écrivez une description qui va inspirer les lecteurs à acheter votre livre. Vous pouvez utiliser votre texte de couverture arrière car celui-ci est censé être vendeur.

Notez que vous pouvez en tout temps consulter les différentes sections relatives aux étapes de production de votre livre en cliquant sur son titre dans le tableau de bord, puis en sélectionnant l'onglet approprié. Ces onglets peuvent se retrouver sur un menu vertical à gauche, tel que montré dans l'image précédente, ou encore une bande horizontale dans le haut de la page, selon l'étape où vous êtes dans votre production.

Vérification et approbation

Lorsque vous avez soumis votre livre à CreateSpace et avez reçu leur assentiment pour la publication, une mention *'Ready'* (Prêt) apparaîtra vis-à-vis votre titre dans votre tableau de bord. Cela vous permet de commander une épreuve pour faire la vérification du produit final sur papier. CreateSpace fait une vérification technique seulement, c'est-à-dire une vérification des fichiers, des dimensions, de la résolution des images, etc. Vous voudrez cependant vérifier la qualité de votre contenu.

Vous pouvez alors commander une épreuve imprimée de votre livre en papier qui vous sera envoyée par la poste. Vous pouvez également faire cette vérification en ligne, mais ce n'est pas recommandé pour votre premier livre. Il faut en effet éviter de publier un livre comportant des défauts évidents. Lorsque vous aurez déjà publié plusieurs livres, vous pourrez utiliser la fonctionnalité en ligne car vous serez habitué(e) à la mise en page et aux exigences techniques.

Entre-temps, une épreuve du livre imprimé vous permet de vérifier que tous les éléments de la couverture sont bien disposés et la vérification de l'intérieur est plus facile à faire car on voit mieux les erreurs sur papier que sur un écran d'ordinateur.

Si vous trouvez des erreurs, vous les corrigez dans votre fichier d'origine puis vous l'exportez et le téléchargez de nouveau. Vous pouvez à tout moment télécharger une autre version de l'intérieur ou de la couverture de votre livre en format PDF chez CreateSpace, même après la publication. Vous pouvez donc en tout temps y apporter des corrections mineures.

Après avoir effectué les corrections nécessaires et téléchargé les nouveaux fichiers, vous pouvez approuver la publication de votre livre.

Publication

Pour approuver la publication allez à l'étape suivante, soit l'onglet '*Distribute*' (Distribuer). C'est l'étape à laquelle vous fixez le prix et sélectionnez vos canaux de distribution. Les canaux de distribution sont divisés selon les marchés internationaux et les formats (papier ou numérique). Le taux de paiement de droits d'auteur varie selon les conditions de distribution car les frais de distribution peuvent être plus ou moins élevés selon le canal.

L'outil de CreateSpace vous assiste pour fixer le prix de votre livre en faisant les calculs pour vous. Vous savez donc de façon précise le montant des redevances que vous recevrez pour chacun des canaux de distribution. Il vous est alors possible d'ajuster le prix pour générer des revenus satisfaisants et équitables pour vous (illustration page suivante).

Une fois le prix fixé, l'onglet suivant vous permet de vérifier la finition de la couverture, c'est-à-dire lustrée ou matte. Puis vient la page portant sur la description, les catégories, la biographie de l'auteur, la langue et le pays de publication. (Image suivante.)

Composez soigneusement la description de votre livre car c'est le texte qui apparaîtra sur la page d'Amazon lorsque les gens cliquent sur le titre de votre livre et c'est ce qui incitera le lecteur à acheter votre livre ou non. Vous pouvez vous baser sur le texte de la couverture arrière.

Ajoutez votre biographie car c'est un autre élément pour inspirer le lecteur à acheter votre livre. Écrivez ou faites écrire une biographie qui a du 'punch' et qui est inspirante pour les lecteurs. Rappelez-vous que tout est une question d'emballage. La même réalisation peut avoir l'air formidable ou ennuyante selon la façon dont on la décrit. Amazon vous offre même une page d'auteur pour enrichir votre biographie et établir une interaction avec vos lecteurs.

Le choix de la catégorie (BISAC Category) est important car c'est ce qui est utilisé par l'industrie pour aider à identifier et regrouper les livres par sujet. BISAC est l'acronyme de *Book Industry Standards and Communications*. Le rôle des codes BISAC est de standardiser le transfert électronique de l'information portant sur les sujets. Ce code est un code nord-américain et au moins une catégorie doit être indiquée. Choisissez le code dans la liste déroulante ou entrez le code en cliquant sur le lien 'Enter a BISAC Code'.

Lorsque vous avez terminé, cliquez sur le bouton pour continuer. Lorsque c'est terminé, vous recevrez un message de confirmation avec la date approximative de disponibilité sur Amazon. Notez qu'à cette étape, CreateSpace vous offre de convertir votre livre publié en format Kindle. Cette option fonctionne bien mais elle comporte des frais. CreateSpace n'offre pas de service de conversion pour le format ePub pour les iBooks vendus chez Apple.

Étapes de publication d'un livre numérique

Kindle

Si vous publiez votre livre en format numérique seulement, vous n'avez pas besoin d'ouvrir un compte chez CreateSpace. Vous pouvez faire affaires directement avec Amazon KDP (*Kindle Digital Publishing*). Pour ouvrir un compte chez KDP, allez à la page kdp.amazon.com ou kdp.amazon.ca et ainsi de suite selon votre pays.

Si vous avez publié votre livre en format papier, CreateSpace peut convertir votre livre en format Kindle pour environ 80 $, ce qui peut valoir la peine pour vous si vous n'êtes pas en mesure de le faire. Un livre Kindle est en réalité une page Web très longue. La conversion par CreateSpace fonctionne bien et est fidèle au contenu. Donc, si vous n'êtes pas à l'aise pour faire la conversion Kindle, vous pouvez faire appel à leur service.

Notez cependant que la conversion gratuite de votre livre papier en Kindle à partir du fichier PDF, ce qui est une option disponible chez CreateSpace, ne donne généralement pas de très bons résultats, surtout si votre livre comporte des images. C'est une solution approximative qui n'est pas recommandée. Une bonne qualité de produit est essentielle à votre réputation d'auteur.

Le logiciel Scrivener peut exporter directement en format Kindle. C'est une de ses forces. Pour exporter en format Kindle, il s'agit d'utiliser la fonction d'exportation en format Kindle que vous retrouverez dans les menus de Scrivener.

L'autre façon de publier un format Kindle est de faire une page Web avec votre texte et vos images. Le format Kindle est en fait une page Web de base très longue, soit la longueur de la totalité de votre livre. La mise en page est une mise en page de base très simple, soit un paragraphe après l'autre. Les images sont alors insérées entre les paragraphe et je recommande de les centrer.

La dimension des images pour Kindle est d'un minimum de 625 pixels par 1000 pixels. Pour la couverture, vous pouvez utiliser cette dimension mais idéalement, la dimension de la couverture de votre livre devrait avoir 2500 pixels sur son côté le plus long. La couverture ne doit pas dépasser 50Mo et la résolution sera de 72 PPP (DPI) en mode RGB. Si la couverture de votre livre est blanche, il est recommandé d'ajouter une bordure en gris moyen de 3 à 4 pixels car sinon votre couverture va se perdre sur le fond blanc de la page Web chez Amazon et iBooks Store.

J'aime bien mettre les couvertures avant et arrière de mon livre au début et à la fin de la page Web de l'intérieur, en plus de télécharger la couverture avant, tel que demandé par Amazon. Amazon se sert de cette couverture téléchargée séparément pour annoncer votre livre sur le site Amazon, mais ça ne la fait pas apparaître à l'intérieur du livre. Les fichiers de l'intérieur du livre doivent être 'zippés', c'est-à-dire compressés en format .zip avec un logiciel comme Stuffit. C'est comme mettre une collection de petits objets dans une boîte et bien la ficeler, afin de l'expédier sans rien perdre au cours du transport. C'est la même chose pour le téléchargement des fichiers d'un eBook. Lorsque vous êtes prêt(e) à publier, allez sur KDP et téléchargez vos fichiers, c'est-à-dire que vous téléchargez votre fichier de couverture avant et votre fichier zippé de l'intérieur de votre livre. Remplissez les descriptions et autres détails de votre livre comme vous l'avez fait avec le livre imprimé chez CreateSpace.

L'application *Kindle Reader* est disponible gratuitement pour iPhone, Android et BlackBerry, les ordinateurs Mac et Windows, ainsi que les tablettes iPad, Android et Windows 8.

EIN

Même si vous ne publiez qu'en format numérique, vous devrez quand même obtenir votre numéro EIN et l'indiquer à KDP. KDP vous demandera également d'entrer vos renseignements de paiements dans leur système, car il ne s'agit pas du même système que celui de CreateSpace, sauf si vous avez donné le mandat à CreateSpace de convertir et de télécharger votre livre numérique chez Amazon. Dans ce dernier cas, CreateSpace s'occupe de cette transaction qui est incluse dans le prix de la conversion.

iBook chez Apple

Le format iBook est le format de Apple pour les iPads et iPhones. Ce format consiste en un fichier .epub et fonctionne sur le iPod Touch, les lecteurs Sony, le lecteur Kobo et le Nook de Barnes & Noble. Notez que les Macs peuvent lire ce format ePub grâce à l'application *iBook Reader* qui est gratuite. Pour publier en format ePub, vous pouvez exporter votre fichier dans ce format à partir de inDesign et Scrivener. Un logiciel gratuit de Apple appelé iAuthor est disponible pour faire une mise en page pour les iBooks. Vous avez donc plusieurs options.

Pour distribuer votre iBook, suivez les étapes décrites précédemment au chapitre 'Les principes de publication et de distribution de votre livre'. Si vous êtes abonné(e) à Adobe Creative Cloud (Adobe CC), qui est un abonnement sur une base mensuelle, vous pouvez publier vos livres gratuitement avec leur services de publication numérisée. Cet abonnement vous permet d'utiliser des versions toujours à jours des logiciels Adobe comme inDesign, Photoshop, Illustrator et beaucoup d'autres. Le prix de cet abonnement est très avantageux car il inclut tous les logiciels Adobe pour un prix beaucoup moindre que celui de l'achat et des mises à niveau de ces logiciels. Pour vous abonner à Adobe CC, rendez vous sur le site www.adobe.com.

EIN

Vous devrez bien sûr entrer votre numéro EIN et vos informations de paiement chez Apple pour distribuer votre iBook.

Promouvoir son livre

Tel que mentionné précédemment, les maisons d'édition vous demandent souvent de faire la promotion de votre livre à vos frais. Donc, faire la promotion de votre livre autoédité est tout-à-fait normal si vous voulez qu'il se vende bien et vous en bénéficierez directement car les paiements de droits d'auteur seront beaucoup plus élevés et versés plus rapidement.

Promouvoir son livre peut être une proposition coûteuse selon la méthode traditionnelle, soit avec une campagne publicitaire, l'envoi de communiqués de presse et un lancement officiel. Cependant, avec l'Internet il existe de nombreux moyens de promouvoir votre livre gratuitement ou à peu de frais. Il est ainsi possible d'éviter beaucoup de frais en utilisant les nombreux outils gratuits à votre disposition.

Faire le marketing de votre livre correspond à partager ce qui vous passionne avec vos lecteurs et futurs lecteurs. Maintenant que vous avez mis toute votre énergie dans un ouvrage, vous avez l'occasion de communiquer votre passion aux autres. Ceci veut dire établir une communication avec vos lecteurs et les choyer pour qu'ils en parlent et recommandent votre livre au plus grand nombre de gens possible.

Vidéo sur YouTube, Vimeo et DailyMotion

Vous pouvez faire une vidéo pour présenter votre livre et la télécharger gratuitement sur YouTube, Vimeo et DailyMotion. Ce genre de vidéo est nommé *trailer* en anglais, est très populaire et fonctionne bien. Le marché francophone de l'autoédition est un peu moins agressif que le marché anglophone mais ce marché est sur le point de connaître un véritable essor. C'est donc le moment propice pour mettre en place des initiatives qui ont déjà fait leurs preuves dans le marché anglophone.

Vous n'avez pas besoin de vous transformer en vedette de télévision pour faire une vidéo. Vous pouvez mettre l'accent sur votre livre si vous n'êtes pas à l'aise devant la caméra. Donc une bonne image de la couverture de votre livre et une bonne photo est en réalité tout ce dont vous avez réellement besoin pour faire votre présentation vidéo.

Vous pouvez ainsi facilement créer une animation avec la méthode de dessin sur tableau blanc (*whiteboarding*). Il existe des logiciels pour faire ce genre d'animations. Les deux logiciels que j'utilise sont Easy Sketch Pro et VideoScribe. VideoScribe est offert sur une base d'abonnement mensuel ou annuel et le coût mensuel est aux environs de 30 $ par mois. Easy Sketch Pro est vendu pour environ 30 $ (achat unique).

Pour faire ce genre de vidéo, écrivez votre script, c'est-à-dire écrivez ce que vous allez dire pour présenter votre livre. Puis enregistrez votre voix. Les deux logiciels mentionnés ci-dessus vous offrent la possibilité d'enregistrer la voix et même d'ajouter de la musique disponible à même ces logiciels. Vous pouvez également utiliser l'application '*Audition*' disponible avec Adobe CC pour enregistrer votre voix.

Vous pouvez ajouter des photos et d'autres vidéos à même l'animation. Chacun des logiciels de *whiteboarding* comprend des dessins prêts à utiliser. Easy Sketch Pro vous permet d'ajouter une vidéo et de faire dessiner la première image de votre vidéo pour ensuite lancer cette vidéo. C'est une transition intéressante, un peu difficile à décrire ici, mais voici un exemple :

Regardez les présentations de chacune de ces compagnies pour voir leur potentiel car ces logiciels offrent des fonctionnalités qui leur sont propres et ne sont pas tout-à-fait les mêmes.

Une fois l'enregistrement de la vidéo terminé, vous publiez avec YouTube, Viméo et DailyMotion et le tour est joué!

VidéoScribe : http://www.sparkol.com?aid=11375

Easy Sketch Pro :
http://innercircleriches.com/easysketchpro/?id=22579

Écrire et produire un blogue

Vous pouvez écrire un blogue sur le sujet qui vous intéresse et qui vous permet de discuter de votre livre. Il existe de nombreux outils et services gratuits, comme par exemple *OverBlog*, pour produire des blogues. *WordPress* est probablement l'application la plus populaire au monde pour publier des blogues. Plusieurs services de blogues l'utilisent. Vous pouvez vous inscrire à un service de blogue et l'utiliser gratuitement, ou vous abonner. L'utilisation gratuite comporte souvent des publicités que vous ne contrôlez pas et qui apparaîtront dans vos blogues. L'utilisation de ce genre de service vous évitera d'avoir à installer et configurer WordPress, ce qui n'est pas nécessairement facile à faire.

Un blogue est une excellente façon de vous créer un public et de rejoindre vos lecteurs. Un blogue établit une communication 'intime' avec les gens, surtout lorsque vous leur permettez d'y ajouter leurs commentaires. L'avantage d'un blogue est que le contenu change sur une base régulière et est donc plus facilement récolté par les engins de recherche, car ces engins aiment beaucoup le nouveau matériel!

Par exemple, vous pouvez créer un blogue qui touche le sujet de votre livre. Il ne faut pas que votre blogue soit uniquement un pitch de vente, mais il faut plutôt le rendre utile à vos lecteurs pour échanger sur le sujet, y trouver des trucs et même recevoir des conseils. Vous pouvez vous servir de votre blogue pour créer une anticipation de la sortie de votre livre. Par exemple, vous pouvez discuter de certains chapitres pour mettre l'eau à la bouche de vos lecteurs et annoncer la date de publication imminente.

Vous pouvez offrir à vos lecteurs un prix spécial selon votre stratégie de sortie du livre. Par exemple, vous pouvez annoncer la sortie de votre livre sur votre blogue et par courriel et annoncer à vos lecteurs que le prix du livre sera réduit pour 7 jours lors de sa sortie.

Certains blogues sont gratuits et misent sur la publicité pour générer des revenus. Personnellement, je trouve que certaines pages Web sont franchement surchargées et difficiles à lire à cause des nombreux éléments présents sur ces pages et des fenêtres surgissantes (*pop-ups*) qui nous agressent sur une base régulière. Ce sont des irritants pour moi car j'ai horreur de me faire constamment interrompre dans ma lecture par des sollicitations indésirables. Donc, faites la part des choses. La meilleure façon d'avoir l'heure juste est de demander à vos lecteurs quelles sont leurs préférences.

Infolettre

Vous pouvez recueillir les adresses courriels de vos lecteurs et leur envoyer une infolettre chaque fois que vous publiez un nouveau blogue ou avez quelque chose de spécial à leur communiquer. Vous pouvez ainsi vous bâtir une liste de distribution de lecteurs intéressés par ce que vous publiez. Vous pouvez leur envoyer les nouvelles de vos prochains livres en primeur et leur offrir des prix spéciaux de lancement. L'infolettre est un outil précieux pour lancer et faire évoluer votre carrière d'écrivain. Une infolettre s'intègre à un plan de commercialisation qui prend avantage des outils gratuits disponibles sur l'Internet.

Il n'est pas recommandé d'envoyer vos infolettres ou autres messages à partir de votre adresse de courriel personnelle. Cela représente un risque élevé de vous faire bannir par votre fournisseur Internet pour cause de pourriels (*spam*). Il est avantageux de faire appel à un service de distribution d'infolettres car ces services sont spécialisés et ont des politiques qui vous protègent. Ils offrent également des outils de composition et de mise en page intéressants pour vos infolettres.

MailChimp est un service très populaire d'inscription et de distribution d'infolettres. Le service est gratuit pour jusqu'à 2,000 abonnés. Voyez les détails à la page http://eepurl.com/qQ_p9.

Votre site Web

Un site Web est un investissement important de temps et parfois d'argent si vous n'avez pas de compétences de production de pages Web. Un blogue ou une page Facebook consacrée à votre livre peut alors être largement suffisant pour faire la promotion de votre livre et vous assurer une présence active sur le Web. Évaluez le travail et les compétences à acquérir avant de vous lancer.

Commenter d'autres blogues

Certains blogues publiés par d'autres personnes peuvent vous offrir la possibilité de commenter et d'annoncer votre livre, parfois gratuitement. Faites une recherche sur l'Internet en rapport avec le sujet de votre livre pour trouver ce genre de blogue. Faites cependant attention de ne pas *spammer* ces blogues. Vos interventions doivent être informatives et vous pouvez ajouter à votre signature le nom de votre livre ou l'adresse de votre site Web.

Communiqués de presse

Vous pouvez produire un communiqué de presse et l'envoyer aux journalistes dans le but d'obtenir des entrevues à la radio, la télévision et autres médias incluant les sites Web d'émissions de *WebTV* et de radio.

Il est possible de produire ces communiqués de presse sur le Web et certains services disponibles sur le Web sont gratuits. Vous pouvez envoyer une copie de votre livre papier ou encore une version Kindle ou iBook aux journalistes.

Utiliser les médias sociaux

Les médias sociaux sont très populaires pour différentes raisons.

Twitter

Beaucoup de journalistes prennent leurs informations sur Twitter car l'information est disponible instantanément. Si vous créez un canal spécialisé portant sur votre sujet, vous pourrez vous bâtir un auditoire intéressé par ce sujet. C'est une bonne façon de trouver les lecteurs potentiellement intéressés par le sujet sur lequel vous écrivez.

Il est possible d'annoncer la sortie imminente, puis la publication et le lancement de votre livre sur Twitter. Puisque Twitter ne vous offre que 140 caractères, vous pouvez diriger les gens sur une page Web dédiée à votre livre ou sur YouTube ou sur Facebook avec un lien. Twitter est actuellement reconnu comme un excellent média pour les affaires.

Facebook

Vous pouvez créer une page Facebook dédiée à votre livre ou à votre collection de livres, différente de celle de votre profil personnel. La page du livre n'a pas de limite quant au nombre de contacts, comme c'est le cas pour une page personnelle. Une page commerciale peut recevoir

un nombre illimité de 'J'aime' (*Like*). Vous pouvez y mettre une photo de la couverture et inviter vos lecteurs à aimer votre page avec le bouton à cet effet et solliciter leurs commentaires. Ceci vous permet d'échanger avec vos lecteurs sur différents aspects qui vous intéressent mutuellement.

Pinterest

Pinterest vous permet d'afficher des images. Une couverture de livre convient bien à ce genre de média. Vous pouvez alors faire des liens vers les pages de promotion de votre livre, comme votre site Web, votre blogue, votre page Facebook, Amazon et autres.

LinkedIn

LinkedIn est un réseau spécialisé pour les gens d'affaires, mais est surtout orienté sur le recrutement et sur la recherche d'emploi. Il est cependant possible d'y créer des discussions sur des sujets précis. La dynamique de LinkedIn est particulière d'un groupe à l'autre et certains groupes sont très limitatifs. Par exemple, le groupe de LinkedIn Québec ne vous permet pas d'inclure de liens vers des sites extérieurs, ce qui est un handicap sérieux si vous désirez promouvoir votre livre.

Assurez-vous donc, si vous utilisez ce réseau, de participer à des groupes qui vous permettront une véritable expansion pour vos projets.

Autres médias sociaux à explorer

Il existe d'autres réseaux. Par exemple Google+ est très axé affaires. AboutMe.com est un autre endroit où vous pouvez afficher un profil et parler de votre livre. Behance est un service d'Adobe où vous pouvez afficher vos créations produites avec leurs logiciels, comme par exemple votre couverture de livre. Prenez-en avantage!

Médiatisation virale

Si deux personnes parlent de votre livre à deux autres personnes chacune et ainsi de suite, le nombre de gens qui entend parler de votre livre grandira de façon exponentielle. C'est ce qu'on appelle le principe viral. Voici une illustration du principe:

$$2x2=4x2=8x2=16x2=32x2=64x2=128x2=256x2=51$$
$$2x2=1024...$$

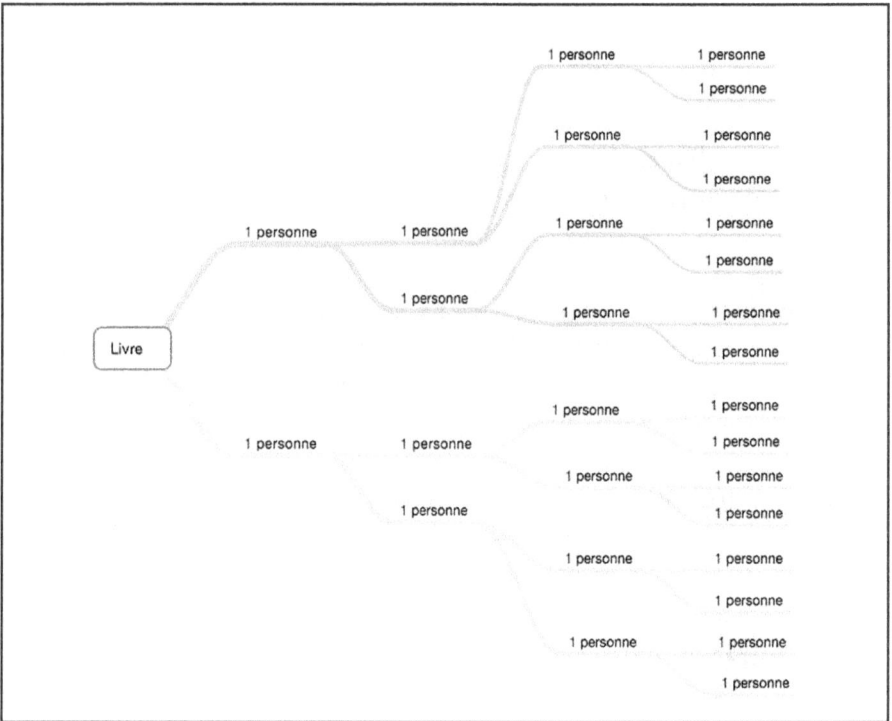

Et cet exemple n'est que pour 2 personnes. Ce pourrait être pour 4, 8, 10 personnes... Les possibilités sont infinies! C'est pourquoi le bouche à oreille fonctionne si bien et il est reconnu comme étant responsable de 90 % des contrats des petites entreprises. Profitez-en car, avec les médias sociaux, la communication virale est plus facile que jamais!

Faites donc des liens entre vos différentes initiatives et ne ratez aucune occasion de parler de votre livre. Faites des liens et créez des références de façon à créer une promotion virale. Ajoutez une mention de votre livre dans la signature de vos courriels.

Allez-y par étapes et prenez note de ce qui fonctionne bien pour vous, afin de maximiser votre investissement de temps et d'argent.

Faire une page d'auteur sur Amazon

Lorsque vous ouvrez un compte chez Amazon, vous avez la possibilité de faire une page d'auteur. Vous pouvez y ajouter une biographie et échanger avec vos lecteurs. C'est gratuit et c'est une excellente occasion d'élargir votre rayonnement. Il est possible de faire une page d'auteur pour chaque pays.

Exemple de page d'auteur chez Amazon

Faire un podcast

Un podcast est une présentation audio que vous pouvez télécharger sur iTunes. Pour en savoir plus à ce sujet, voyez la page de Apple:

https://www.apple.com/fr/itunes/podcasts/specs.
html. Le site FormationmieuxEtre.com offre des formations sur comment produire des podcasts et des vidéos.

Organiser des séances de signature de livres

Les librairies et les bibliothèques peuvent vous offrir la possibilité de faire des séances de signature de livres. Il peut être difficile d'organiser ce genre d'événements auprès d'une grande librairie lorsqu'on est un parfait inconnu, mais si vous avez l'occasion de faire parler de votre livre dans les médias, par exemple à la télévision, saisissez l'occasion pour contacter des librairies suite à votre apparition dans ces médias. Il est important de saisir les occasions qui découlent de vos efforts de promotion pour construire sur les résultats et ainsi maximiser vos efforts.

Les librairies indépendantes et les bibliothèques peuvent offrir des occasions intéressantes aux auteurs. L'organisation de ce genre d'événements les aide autant que vous à attirer des clients. Faites-leur une proposition avantageuse.

Vous pouvez également animer des présentations et des conférences en ligne ou en personne pour discuter du sujet de votre livre. Utilisez votre imagination!

Critiques de livres

Certains sites comme Goodreads offrent la possibilité aux auteurs de faire critiquer leurs livres avant qu'ils ne soient officiellement publiés ou lorsqu'un livre vient tout juste d'être publié. L'auteur offre alors son livre gratuitement à un groupe restreint de lecteurs qui s'engagent à lui offrir des commentaires constructifs. C'est une bonne façon de faire connaître votre livre et de recueillir de précieuses suggestions, surtout si c'est votre premier livre. Certains médias ont des chroniques de critique littéraire. Lisez ces chroniques et évaluez la pertinence de les utiliser pour vos ouvrages.

La section 'Édition' du site FormationmieuxEtre.com vous offre la possibilité d'offrir votre livre à vos collègues auteurs pour obtenir leurs suggestions et commentaires.

Autres options à explorer

BookBub est un service de promotion de livres avec rabais. Les abonnés reçoivent un message quotidien de livres numériques en promotion, gratuits ou à très bas prix. Ce service est actuellement offert en anglais.

Salons du livre

Les salons du livre peuvent être une façon de vous faire connaître, mais il est très coûteux d'y participer. Les salons ne produisent en général que peu de ventes et on peut dire qu'ils sont en perte de vitesse par rapport aux médias électroniques. Il faut donc évaluer le potentiel que cela peut vous offrir.

Certains services commerciaux vous offrent de représenter vos livres dans les salons du livre pour un prix bien inférieur à une participation directe avec kiosque et toutes les dépenses afférentes.

Bref...

L'énumération de toutes les possibilités décrites ci-dessus ne signifie pas que vous deviez tout faire, car ce serait une tâche considérable. Il s'agit plutôt de choisir les options qui ont le plus de potentiel pour vous, mais surtout celles avec lesquelles vous vous sentez le plus à l'aise. Par exemple, vous pouvez simplement commencer avec un blogue et une infolettre. Allez à votre propre rythme et évoluez avec le temps. L'objectif de la promotion est que le plus de gens possible voient votre livre et en parlent. Vous découvrirez sûrement d'autres options avantageuses pour vous car la technologie évolue à un rythme effréné. N'hésitez pas à partager vos trucs dans les forums de FormationmieuxEtre.com!

Recettes de succès

Ne pas prendre les choses trop personnellement

Lorsqu'on écrit et publie un livre, on s'expose à la critique. C'est même essentiel pour que notre livre reçoive des revues favorables avec étoiles chez Amazon et chez les autres distributeurs.

Il y a des gens qui peuvent vous offrir de précieuses suggestions pour améliorer votre ouvrage. À titre d'auteur, acceptez les commentaires constructifs comme un cadeau qui vous aidera à atteindre un haut degré de qualité et ignorez simplement les autres, car certaines personnes ne font pas la différence entre leurs préférences personnelles et les choses qui ont vraiment besoin d'amélioration.

Il y a également des gens qui sont extrêmement frustrés et qui passent leur vie à critiquer pour le plaisir de détruire. Ils sentent le besoin de démolir sans jamais offrir de suggestions constructives. Leurs commentaires ne sont pas appuyés par des faits et ils démolissent les autres pour essayer de se donner de l'importance. C'est d'autant plus facile à faire sous le couvert de l'anonymat que procure l'Internet. Cela va sûrement vous arriver si ce n'est pas déjà fait.

Mais vous ne devriez jamais prendre leur propos personnellement. C'est un principe applicable à tous les gens qui performent pour le public. Mais c'est également un principe applicable à la totalité des aspects de votre vie. C'est le deuxième accord toltèque: ne rien prendre de façon personnelle. Les *Quatre Accords Toltèques* nous fournissent d'excellents principes de vie qui vont non seulement vous faciliter la vie comme auteur mais comme personne équilibrée. Voici donc ces 4 accords:

Premier accord toltèque : Que votre parole soit impeccable

Deuxième accord toltèque : Ne réagissez à rien de façon personnelle
Troisième accord toltèque : Ne faites aucune supposition

Quatrième accord toltèque : Faites toujours de votre mieux

En résumé les *Quatre Accords Toltèques* nous disent de 1) surveiller nos paroles afin de ne rien regretter d'avoir dit, 2) ne pas laisser les actes ou les mots des autres nous perturber car cela ne nous appartient pas, 3) bien prendre le temps de trouver tous les faits et les renseignements avant de se faire une idée et 4) donner son maximum dans tout ce qu'on fait.

Ne trouvez-vous pas que ces principes vont sur mesure aux auteurs de livres?

D'autre part, le fait d'être blessé(e) émotionnellement par un propos ou une situation signifie que nous avons une émotion à guérir en rapport avec le propos ou la situation. Si ce n'était pas le cas, cela ne nous toucherait même pas! Donc, guérir ses émotions nous fait le plus grand bien et vous pouvez découvrir comment y arriver dans la section Mieux-Être du site FormationMieuxEtre.com. Faites-vous du bien!

Les 3 clés du succès

Vous voyez que publier votre livre n'est ni compliqué ni coûteux. J'aimerais cependant vous parler d'une dernière chose qui est, à mon avis, l'une des plus importantes pour le succès de votre livre et de votre carrière d'écrivain. Ce sont les 3 clés du succès :

1) Identifier vos fausses croyances
2) Remplacer vos fausses croyances
3) Manifester des intentions claires

C'est-à-dire que pour réussir, il faut surmonter nos peurs et nos limites, mais il faut surtout être solidement programmé(e) pour le succès et éliminer tout le sabotage dont nous sommes victimes, que cela provienne de nous ou des autres.

Au cours de mon cheminement de vie, j'ai découvert qu'il arrive parfois que même si on travaille énormément, on n'a pas toujours les résultats désirés. C'est souvent ce qu'on appelle la 'chance' ou la 'malchance' mais, en fait, ça n'a rien à voir.

Cette partie du processus est simple à faire mais tellement importante! C'est ce qui va faire toute la différence entre le succès et l'échec, non seulement pour votre livre mais dans tous les aspects de votre vie.

Élimination des obstacles à la vente de votre livre

Laissez-moi vous dire que j'ai été très malchanceuse dans ma vie et j'ai cherché longtemps pourquoi. J'ai longtemps cru que j'étais née sous une mauvaise étoile. Ça a été long et ardu mais j'ai finalement trouvé pourquoi.

Vous avez sûrement déjà entendu parler du subconscient... C'est une partie très puissante de votre cerveau qui fonctionne un million de fois plus vite que votre conscient. Le subconscient est rempli de programmes, car il fonctionne comme un ordinateur. On veut quelque chose avec notre conscient mais c'est le subconscient qui manifeste ce qui se produit dans notre corps et autour de nous et gère 95% de notre vie. Pas étonnant qu'on soit constamment sabotés!

Avec nos affirmations et pensées positives, on essaie de communiquer, au moyen de notre conscient qui fonctionne à 40 impulsions nerveuses par seconde, avec une machine qui fonctionne à 40 millions d'impulsions nerveuses par seconde. Voyez-vous la difficulté?

En plus, les croyances sont enregistrées par le subconscient à notre insu, pendant notre enfance, et proviennent également de notre génétique. Tout ce qu'un jeune enfant entend, voit et ressent est enregistré sans aucun filtre. Autrement dit, nous n'avons aucun contrôle sur ces enregistrements. Ça peut être assez désastreux, comme ce fut le cas pour moi. Par exemple, j'avais les croyances que je ne valais rien, que je ne méritais pas d'être aimée, qu'il fallait que je travaille très dur pour gagner peu, que je ne méritais pas de recevoir et j'en passe!

J'ai fini par trouver comment établir une connexion solide avec mon subconscient pour changer les nombreux programmes qui me sabotaient. Ce sont des changements permanents et ça fonctionne! Ce n'est qu'après avoir fait ces changements pour moi-même que toutes mes affaires ont débloqué. Vraiment débloqué!

Par exemple, je vis maintenant à la campagne dans ma maison de rêve entourée de forêt, de fleurs et d'animaux. Je reçois la visite des cerfs, des dindes sauvages et autres petits animaux magnifiques. J'ai un travail très rémunérateur que j'aime beaucoup et je travaille de chez moi. C'est la vie paisible dont je rêvais depuis longtemps et tout a débloqué rapidement quelques mois seulement après avoir remplacé mes fausses croyances et projeté mes intentions fermes, incluant une nouvelle voiture!

C'est pourquoi j'ai inclus ce volet dans le présent livre et dans les formations offertes sur le site FormationMieuxEtre.com. C'est un aspect très important pour votre réussite personnelle dans tous les domaines et pour que votre livre ait du succès. Les fausses croyances affectent tous les secteurs de notre vie : prospérité, santé, amour, bien-être. Vous n'êtes pas obligé(e) de subir ça!

Je n'ai eu un vrai succès qu'après avoir remplacé mes fausses croyances qui étaient passablement nombreuses! Pour tout vous dire, je pense que j'avais à peu près toutes les fausses croyances qu'on peut avoir. J'ai tellement travaillé pour pas grand-chose, vous n'avez pas idée!

C'est pourquoi j'ai conçu un programme pour remplacer toutes les fausses croyances de ce genre. C'est ce que j'ai personnellement utilisé pour transformer ma malchance en chance extraordinaire.

Je vous propose d'essayer gratuitement de changer quelques fausses croyances de base en vous rendant à FormationMieuxEtre.com, section Mieux-Être.

En terminant...

J'ai publié plusieurs livres au cours de ma carrière. J'ai commencé à publier à une époque où l'autoédition et l'impression sur demande n'existaient pas. Mon premier livre a été publié par une compagnie américaine et j'ai dû produire toutes les images et diagrammes moi-même. Ce livre est encore vendu sur l'Internet à un prix variant entre 47 $ et 112 $. Le contrat que j'ai signé par l'entremise de mon agent exigeait que je cède complètement mes droits d'auteurs et, étant donné mon manque d'expérience, c'est ce que j'ai fait. J'ai été séduite par le fait qu'une maison d'édition acceptait de publier mon livre.

Mon agent ne m'a pas prévenue des écueils que je rencontrerais, probablement dû à son propre manque d'expérience. La façon dont la compagnie a géré les ventes est la suivante : j'ai reçu à l'époque, une petite avance. Puis j'ai reçu périodiquement un rapport qui faisait état de toutes les dépenses de mise en marché et de distribution qui étaient déduites de mes paiements de droits d'auteur, ce qui fait qu'au bout du compte et selon eux, j'aurais dû leur rembourser mon avance et je leur aurais encore dû de l'argent. Autrement dit, ils prétendaient que je leur devais toujours de plus en plus d'argent et je les aurais payés pour le reste de mes jours pour avoir écrit un livre. Ce n'est pas drôle de travailler autant pour s'endetter indéfiniment! Mais, lorsqu'on y pense, c'était tout-à-fait aligné avec les croyances que j'avais!

Le livre suivant, publié par une autre compagnie américaine, m'a procuré de maigres paiements de droits d'auteur, soit entre 25 $ et 75 $ par an, mais j'ai perdu le contrôle de la mise en page et des illustrations lors de la publication. Mes images ont été remplacées par des illustrations primitives qui ont nui à l'image du livre et aux ventes. Cette compagnie a d'ailleurs fermé ses portes deux ans après la publication et j'ai ainsi récupéré mes droits d'auteur.

J'ai aussi vu mes amies perdre beaucoup de ventes parce que leurs livres étaient en rupture de stocks et l'éditeur ne voulait pas les imprimer de nouveau.

L'avènement de l'autoédition et de l'impression sur demande a donc été une véritable révélation pour moi! Je publie maintenant tous mes livres moi-même et je n'ai jamais regretté ma décision. J'ai eu la chance d'étudier la littérature et le graphisme, ce qui m'a bien équipée pour la publication de livres. Par contre, j'ai étudié le graphisme à une époque où les ordinateurs personnels n'existaient pas et j'ai dû apprendre à faire du graphisme avec un ordinateur à partir de rien. J'ai appris énormément de choses mais on n'a pas besoin de tout savoir pour publier des livres.

C'est pourquoi j'ai produit une série de cours spécialement pour vous, afin de vous aider à apprivoiser les étapes spécifiques à la publication de vos livres.

Le programme de cours que j'ai créé pour vous, intitulé *Comment écrire et publier votre livre gratuitement* est conçu pour vous donner tous les détails et vous montrer toutes les étapes une à une, à votre propre rythme.

Tout est expliqué avec des vidéos et des documents de référence. Cette série explique chaque étape d'écriture et de production de votre livre. Vous avez accès à des forums de discussions où vous pouvez échanger avec les autres auteurs comme vous et recevoir leurs commentaires et suggestions sur vos travaux. Vous recevez également des réponses à vos questions lors des sessions régulières en ligne, en temps réel. C'est une formule très enrichissante et vous bénéficiez d'un accompagnement tout au long du processus de création de votre livre. C'est une superbe aventure!

Les sujets du programme reflètent la matière présentée dans ce livre mais en beauoup plus de détails. Pour avoir tous les renseignements, allez sur la page FormationmieuxEtre.com.

Sujets couverts par le programme

- Explications détaillées sur la façon de faire des recherches sur les titres les plus demandés Avec Google, Amazon et autre services de vente en ligne. Démonstration des techniques de développement de la créativité.

- Les meilleurs outils à utiliser pour planifier et produire le contenu. La meilleure méthode pour réviser et corriger afin d'avoir un ouvrage impeccable et professionnel.

- Comment utiliser les outils disponibles pour trouver des titres percutants et vendeurs.

- Comment utiliser les différents outils de mise en page et explication des règles de mise en page.

- L'importance de la couverture avant: la première impression à donner au lecteur. Produire un texte vendeur pour la couverture arrière, c'est-à-dire votre *pitch* de vente.

- Les formats de publication disponibles, avantages et inconvénients. Les meilleurs services à utiliser selon vos capacités.

- Procédure de publication en format papier, Kindle, iBook et autres formats électroniques.

- Les meilleurs outils gratuits pour promouvoir votre livre et comment les utiliser. Comment écrire et produire un blogue et un site Web.

- Comment susciter l'interaction avec vos lecteurs et solliciter leurs suggestions.

- Comment produire et distribuer une infolettre.

- Comment faire une page d'auteur sur Amazon.

- Comment utiliser les médias sociaux pour promouvoir votre livre.

- Comment produire des podcasts et des vidéos, y compris le *trailer* pour le lancement de votre livre.

- Stratégies de distribution virale et opportunités médiatiques.

- Comment se faire une carapace contre les critiques désobligeantes et ne rien prendre personnellement.

- Comment identifier les fausses croyances qui nuisent à votre succès et comment les remplacer par des croyances de succès, de prospérité, de santé et d'amour.

- Comment manifester tout ce que vous désirez.

- Et plus!

Le programme complet *Comment écrire et publier votre livre gratuitement* offert sur FormationmieuxEtre.com comprend tout ce que vous devez savoir pour écrire et publier votre livre vous-même.

Profitez-en! Votre succès vous attend, alors OSEZ!

Invitation spéciale

N'hésitez pas à me faire part de vos commentaires et suggestions sur le site FormationMieuxEtre.com.

L'inscription au site est gratuite et beaucoup de cours y sont offerts gratuitement. Les webinaires gratuits en temps réel sont une excellente occasion de briser la glace et une source de motivation pour vous lancer dans cette superbe aventure.

Joignez-vous à une de ces présentations en temps réel en consultant le calendrier du site. Je me ferai un plaisir de discuter de vos projets et préoccupations lors de ces rencontres en ligne. Le but de ces rencontres est de vous guider pas à pas pour vous permettre de réaliser vos rêves et je suis là pour vous aider, alors ne soyez pas timides!

Biographie

Danielle Vallée a une grande expérience du domaine des affaires, autant dans les grandes entreprises qu'à titre d'entrepreneur. Elle fait de la gestion depuis de nombreuses années et est spécialiste de la formation en ligne. Elle a fait partie du jury pour le *Brandon Hall Awards of Excellence*, prix décerné aux meilleurs produits de *eLearning* sur le marché, et du *Advanced Thinkers Group* (commandité par la faculté de l'Éducation supérieure de l'Université Harvard) pendant plusieurs années.

Elle fut la cofondatrice du *Groupe Entreprendre*, une association sans but lucratif qui est devenue la plus grande association du Québec pour les gens travaillant à leur compte. Elle a produit une série télévisée sur l'entrepreneurship et les micro-entreprises.

Elle a oeuvré auprès de différents paliers de gouvernement, auprès des institutions financières et auprès des compagnies de télécommunications afin de faire reconnaître, avec succès, la valeur du travail indépendant. Les programmes gouvernementaux de soutien au travail indépendant ont été créés suite à ces interventions et les compagnies de télécommunications, les compagnies d'assurances et les institutions financières ont finalement reconnu la valeur des travailleurs autonomes. Elle a soutenu de nombreux démarrages d'entreprises, a évalué les plans d'affaires des participants aux programmes gouvernementaux et a donné de la formation aux nouveaux entrepreneurs pendant plusieurs années. Elle a reçu la distinction du Cercle des Grands Autonomes.

Elle est auteure de plusieurs livres et a participé à des émissions à RDI et aux réseaux américain CNN et ABC.

Danielle a une formation en communications graphiques de l'Université Laval. Elle a étudié le marketing et le management à l'Université Concordia. Elle a fait son cours d'homéopathe avec le Dr Jean-Pierre Muyard (Institut des thérapeutiques naturelles de Montréal) et a étudié plusieurs techniques de guérison énergétique.

Les nouvelles technologies ont toujours été d'un intérêt particulier pour Danielle, qui s'est intéressée au développement du Web dès l'apparition de la première version commerciale d'un fureteur. Elle a appris à coder du HTML et produit tous ses sites Web, incluant le montage vidéo et audio des présentations et des cours. Elle a conçu et gère plusieurs sites Web, dont DanielleVallee.com, FormationMieuxEtre.com, DIVPublishing.com, WhizVentures.com, PickettSociety.org et plusieurs autres.

Elle a un intérêt marqué pour la santé holistique. Sa curiosité naturelle et son désir d'apprendre la poussent à effectuer une veille technologique constante et à poursuivre ses recherches au niveau de la santé et de l'énergie. Elle a un côté analytique très développé, qui est accompagné d'une grande intuition.

Ses activités professionnelles l'ont amenée aux États-Unis, en Europe, dans les Caraïbes et en Amérique Centrale. Cette expérience lui procure une vision globale des affaires. Elle donne des conférences, écrit et publie depuis plus d'une décennie des livres portant sur les affaires, la technologie et le bien-être.

Elle prépare actuellement plusieurs autres livres et cours.

www.DanielleVallee.com

www.formationmieuxetre.com

www.ingramcontent.com/pod-product-compliance
Lightning Source LLC
Chambersburg PA
CBHW060610200326
41521CB00007B/730